까다로운 고객이
명품을 만든다

까다로운 고객이 명품을 만든다

발행일 | 2020년 8월 30일

지 은 이 | 김명환
기   획 | 이소영
디 자 인 | 카인드캣디자인
사   진 | 조준우
교   정 | 유지숙
펴 낸 이 | 이안서경
펴 낸 곳 | 스토리램프 출판등록 2018년 7월 11일 제 2020-212호
주   소 | 서울시 강남구 선릉로119길 34
전   화 | 02-3291-0229

ⓒ김명환, 스토리램프
ISBN 979-11-965719-3-1 (03320)
값 17,000원

이 책은 저작권법에 따라 보호받는 저작물이므로 무단 전제와 무단 복제를 금지하며, 이 책 내용의 전부 또는 일부를 이용해야 한다면 반드시 저작권자와 출판사의 서면 동의를 얻어야 합니다.

청년에게 전하는 김명환 회장의 성공 십계명

까다로운 고객이 명품을 만든다

김명환 지음

목 차

머리말 | 창사 40주년 그리고 고희를 맞이하며 · 08

| 제1장 | **신용**

성공 십계명 중 '신용'을 제1장으로 선택한 이유 · 16
신용은 무형의 재산이다 · 17
신용에 대한 신념은 한 번도 변하지 않았다 · 19
인맥도 신용이다 · 20
신용의 중요성을 깨달은 순간 · 23
사기꾼에게 물건을 못 팔면 영업하지 말아라 · 26
나의 멘토, 동신상사 정희상 사장 · 28
장사꾼과 기업가는 어떻게 다를까? · 30

| 제2장 | **저축하라**

저축의 중요성을 깨닫게 된 계기 · 38
300만 원은 아직도 내 지갑 속에 있다 · 39
어린 시절, 영업의 매력을 깨닫다 · 42
영업사원의 힘 · 44
접대는 사람 사귀는 것이고, 영업은 물건을 잘 파는 것이다 · 46
감성 영업이란 무엇인가? · 49
생산, 관리 그리고 영업이 있는 것이다 · 50

| 제3장 | **일기는 성공의 어머니다**
아직까지 일기를 쓰는 이유 · 58
열심히 일기를 쓰게 된 까닭 · 59
말썽꾸러기였던 어린 시절 · 61
농사는 언제나 정직하다 · 63
월남전에 지원하기까지 · 65
일기장에 쓴 행복했던 순간 · 70
내 일기장에는 비밀이 없다 · 75

| 제4장 | **맨주먹이라도 성공하는 데
             부족함이 없다는 신념을 가져라**
인생에서 크게 힘들었던 고비가 두 번 있었다 · 82
두 번째 위기는 덕신하우징 사옥 건립 당시 발생했다 · 84
사옥 건립의 필요성 · 86
골프와 인생의 공통점은? · 88

| 제5장 | **배운 아이템으로 돈을 벌어라**
덕신하우징, 회사 이름의 의미 · 96
유통업에서 철강 회사로 · 97
스피드데크, 에코데크 그리고 인슈데크, GC보데크, 드브데크 · 100
경쟁은 성공의 어머니다 · 102
직원이 독립하면 서운하지 않느냐고? · 104
음악은 나의 행복 · 106
대한민국 연예예술상 신인상 수상 · 117

| 제6장 | **고객은 평생의 손님이다**
우리 회사 캐치프레이즈의 비밀 · 120
납기, 품질 그리고 신용 · 122
베트남 법인을 설립하다 · 124
무역 전쟁의 시작 · 128
경영 혁신을 위한 아이디어 · 131
새로운 천안 공장의 의미 · 133
군산공장오픈 기념 기공식 자선대회를 주관하며 · 137

| 제7장 | **죽기를 각오하라**
어제 일자로 상장 심사를 승인받다 · 142
코스닥 상장의 힘 · 144
산업용 무인 로봇 개발의 꿈 · 146
아이디어는 어디에서 얻는가? · 148
협력업체와의 상생 경영 · 150
나를 감동시킨 책 · 151
정주영 회장과의 공통점 · 154
납골당은 무의미한 것 · 156
인간은 무궁무진하다 · 158

| 제8장 | **친인척의 돈은 쓰지도, 주지도 마라**
우리 회사에는 친인척이 한 명도 없다 · 160

결혼 이야기 · 161
공동체 경영의 꿈 · 167
한국 남자들은 일에만 골두한다 · 169

| 제9장 | **창업주의 정신력으로 직원을 양성하라**

임직원과의 행복했던 여행 · 179
상하이에서 바라본 대한민국 · 184
젊은이에게 안 맞는 직업은 없다 · 187
고생해본 사람이 일도 잘한다 · 189
50+1% 기본을 통한 2020년 글로벌 성장 · 190
술과 담배를 안 하는 이유 · 192
행운의 여신은 누구의 편인가? · 193

| 제10장 | **미래 방향을 설정하라**

사회 공헌은 나의 최종 목표다 · 200
어린이는 나라의 보배 · 202
무봉재단 설립의 행복 · 205
베트남 어린이를 위한 후원 · 209
"캔 유 스피크 잉글리시(Can you speak English)?" · 210
팔순에 이루고 싶은 소망 · 211

머리말

창사 40주년
그리고 고희를 맞이하며

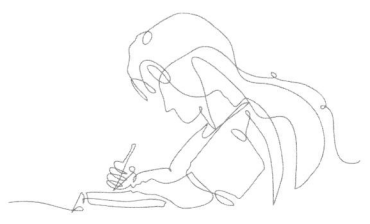

    덕신 창사 40주년을 맞아 책을 출간하게 되어 감회가 남다르다. 내 나이도 어느덧 무엇이든 하고 싶은 대로 해도 법도에 어긋나지 않는다는 고희(古稀)에 이르렀다.
    이 책을 쓴 이유는, 내가 걸어온 길을 기록하고 새로운 꿈을 꾸기 위함이다. 그리고 이 땅의 젊은이들에게 내가 경험한 성공의 정공법을 전하기 위함이다. 시대는 달라도 성공에는 공통적으로 적용되는 세상의 원리가 있다. 이 책에 기록한 그 가치가 우리 젊은이들에게 이롭게 반영되기를 바라는 마음이다.
    책 출간과 함께 창사 40주년 기념식이 새로 준공한 천안공장에서 열린다. 세계 각국에서 모인 덕신 가족과 함께 나누게 될 그 감동은 상상만 해도 눈물이 난다.
    "여러분의 성원으로 덕신그룹이 창사 40주년을 맞았습니다."
    아마 이렇게 감사의 인사말로 시작할 것 같다. 우리 덕신하우징이

데크플레이트 세계시장 1위가 된 것은 모두 여러분의 덕이다. 건설 경기가 어려운 상황에서도 2019년에는 매출 1500억 원을 기록하는 등 매년 성장을 이어가고 있으며, 올해는 2000억원을 목표로 하고 있다.

1980년 창사 이후 1992년 김포공장, 2003년 천안공장, 2011년 군산공장, 2015년 베트남공장, 2020년 제2천안공장을 준공하며 외연도 확대되고 일자리 창출에도 기여하고 있으니 흐뭇하다. 특히 베트남에 생산 거점을 두고 세계 12개국에 우리 제품이 판매되고 그 수출 지도가 계속 넓어지고 있어 자랑스럽다. 글로벌 기업으로 대도약하기 위해 수출 전용 공장도 건립할 계획이다.

아울러 어린 시절부터 꿈꿔온 트로트 음반도 함께 발매하게 되었다. 콧노래 부르며 마음 한쪽에 품어온 음반 발매의 꿈을 더 늦기 전에 실행했다. 일하며 부르던 콧노래는 작곡에, 내가 한평생 쓴 일기는 노랫말에 반영됐다. 이 책과 음반 발매를 위해 도와준 모든 분에게 감사의 인사를 전한다.

이로써 오래전부터 일기장에 써놓은 사옥 건립, 코스닥 상장, 해외 수출 기업, 복지재단 설립, 음반과 자서전 발간의 꿈을 모두 이루게 됐다. 공동체 법인 경영의 꿈을 이룰 날도 머지않았다.

생의 최고(最高)는 자아 완성이라는 것을 다시 한번 깨닫는다. 자아 완성의 최종은 내가 살아온 삶을 기뻐하고, 그 기쁨을 함께 나눌 사람들이 있는 것일 테다.

이제 서산으로 기우는 낙조(落照)와 같은 나이에 접어들었지만, 나는 여전히 꿈을 꾼다. 책 속에는 나의 간절한 소원이 담겨 있고, 통일 조국의 꿈이 깃들어 있다. 그래서 우리 5000만 국민 앞에 유언서(遺言書)를 쓰는 각오로 이 책을 마무리하고자 한다.

2019년 설립한 무봉재단을 통해 그간 내가 즐겁게 일하며 자아실현을 하게 해준 사회에 보답할 것이다. 어려운 형편에 놓인 사람과 어린이를 돕기 위해 무봉재단 활동에 내 남은 열정을 쏟을 것이다. 내가 그랬던 것처럼, 경제적으로 여유롭지 못한 어린이들이 포기하지 않고 꿈을 이룰 수 있게 돕고 싶다. 성공한 사람이 사회에 보답하고 소외계층을 배려하는 것은 당연한 일이다. 꿈나무들을 체계적으로 지원하고, 그들이 무럭무럭 자라 더욱 잘 사는 국가, 그리고 통일 조국을 만드는 것이 내 마지막 소망이다.

2020년 8월

林奉 김명환

PREFACE

In Light of The Company's 40th Anniversary and My 70th Birthday

I am filled with emotion that my book has been published in light of Duckshin's 40th anniversary. I have also become 70 years old; it is commonly said that it is an age where one can do no wrong.

The reason for writing this book is to record my life journey so far and come up with a new dream. It is also to share with the youth in our country the strategies for success that I have experienced. Although times are different, there are principles to success that are universal across time. I hope that the values recorded in this book will be beneficial to our youths.

Along with the publication of my book, the celebration of the company's 40th anniversary will take place at the newly built Cheonan factory. Just thinking about sharing this special moment with members of Duckshin from all over the world brings tears to my eyes.

"Duckshin Group is able to celebrate its 40th anniversary thanks to your support."

I would probably start off with such a greeting. The deck plate made by Duckshin Housing has taken first place in the world market owing to all of your efforts. Despite difficulties in the construction sector, we have recorded 150 billion won in sales in 2019 and have shown growth every year.

After the founding of the company in 1980, it has expanded with the building of the Gimpo factory in 1992, the Cheonan factory in 2003, the Gunsan factory in 2011, the Vietnam factory in 2015, and the second Cheonan factory in 2020. I am pleased to see that these factories have contributed to generating employment. In particular, with the production in Vietnam as our base, I feel a sense of pride seeing our products being sold in 12 countries worldwide and that our map of exports continues to expand. Also, to take a further step in becoming a global company, we plan to build a factory exclusively for the production of exports.

I have also released a trot album, which has been a long-standing dream of mine since I was young. I managed to follow through with this dream I have. I used to hum the tunes to myself, and before it was too late, I decided to release it. The tunes I made up while humming during work became composed melodies and the writings in my diaries that I have kept throughout my life became lyrics. I would like to show my gratitude to everyone who has helped in publishing this book and releasing the album.

With this, I have brought the dreams I have written down in my diaries to life. My dreams of building our company office, being listed on the KOSDAQ, becoming an export company, setting up a welfare foundation, releasing an album, and publishing an autobiography. And it won't be long until we achieve the management of a community corporate.

I realize once again that the zenith in life is the perfection of self. I believe that the final stage of self-perfection is to rejoice in the life I have lived and have people that I can share this happiness with.

Although I have reached an age that can be compared to the final glow of the setting sun beyond the mountain in the west, I still dream. My earnest wishes and dream of a unified country fill the pages of this book. I, therefore, would like to wrap up this book with the determination of writing my will before 50 million Koreans.

Through the Mubong Foundation founded in 2019, I will contribute to the society that has allowed me to work merrily and paved the road for self-realization. I will devote my remaining passion to activities carried out by the Mubong Foundation to help people and children in need. I hope to assist financially underprivileged children, which I was once, to achieve their dreams without giving up. It is only natural that successful people give back to society and take care of the underprivileged. It is my final wish to systematically support young members of society, give them a more affluent country when they grow up, and help build a unified country.

August, 2020
Kim Myung-hwan

Kim Myunghwan Life Story

제 1 장

신용

| 제1장 | 신용

 **성공 십계명 중 '신용'을
제 1장으로 선택한 이유**

나는 '신용은 생명'이라고 말한다. 회사의 사훈도 '신용은 생명이다'이다. 상대방과의 약속을 목숨보다 중요시하는 자세는 성공의 근간이 되는 정신이다. 무슨 일이 있어도 약속을 철두철미하게 지키면 굳건한 동반자가 될 수 있다. 신용으로 무장하면 세상에 겁날 것이 없다. 사업을 하든 정치를 하든, 설령 돈이 없어도 '무형의 재산가'로 성공할 수 있다.

"신용이 목숨만큼 중요하다고 말하는 이유는 무엇인가요?"

임직원에게 강조하는 성공 십계명 중 첫 번째가 '신용'이기에 이런 질문을 종종 받곤 한다. 인생의 멘토인 정희상 사장과 일하며 배운 소중한 교훈이기에 나도 임직원에게 알려주고 싶다.

20대 시절, 정희상 사장과 일했던 동신상사는 나의 첫 직장이었다. 어느 날, 정 사장이 순댓국을 먹자고 해서 함께 식당에 간 적이 있다.

"돈이 거짓말을 한다고 생각하나? 아니면 사람이 거짓말을 한다고 생각하나?"

"네? 아, 저는 돈이 거짓말을 한다고 생각합니다."

정 사장의 갑작스러운 질문에 나는 약간 당황하며 말했다. 어린 시절, 사람들이 돈이 없어서 거짓말을 하는 거라는 아버지의 말씀이 기억나 이렇게 대답했는데, 정 사장은 그렇지 않다며 나를 나무라셨다. 사장님은 주머니에서 1000원짜리 지폐 한 장을 꺼내 테이블 위에 올려놓더니, 만약 정말 돈이 거짓말을 한다면 스스로 움직여야 하는데 이렇게 가만히 있지 않느냐고 하셨다. 그러면서 돈이 아닌 사람이 거짓말을 한다는 것을 잊지 말라고 당부하셨다. 무슨 일이 있어도 절대 거짓말하면 안 된다는 것을 강조한 것이다. 돈을 빌린 뒤 갚아야 할 날짜에 약속을 지키기 어려우면 연장해달라고 미리 양해를 구해야 한다. 하지만 신용이 없는 사람은 말도 안 되는 거짓말을 하며 이런저런 변명만 늘어놓을 뿐이다.

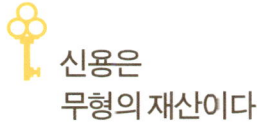
신용은 무형의 재산이다

　신용을 제대로 배운 사람은 친인척에게 돈을 빌리지 않는다.
　한번 신용이 있는 사람으로 각인되면 사업 파트너에게 언제든 돈을 빌릴 수 있기 때문이다. 차용증 없이 사업 자금을 빌릴 수 있다는 것은 인생의 큰 행운이다. 우리 청년들도 젊을 때부터 무형의 재산을 만들 수 있는 토양을 만들기 바란다.
　신용은 약속을 반드시 지키는 솔직함에서 발현한다. 물론 집안 대대로 돈이 많은 사람이라면 신용이란 단어가 필요 없을지도 모른다. 하지만 사업을 하다 보면 급전이 필요하기 마련이다. 때로는 재치 있는 술

수도 필요하다.

돈 없는 사람이 미래의 신용을 쌓는 방법은, 당장 필요하지 않아도 미리 한두 번 돈을 빌려보는 것이다. 친구에게 신용을 쌓기 위해, 별다른 이유 없이 한 달만 빌리고 약속을 꼭 지킨다. 일종의 신용을 쌓는 방법이다. 그러고는 당연히 약속 날짜 2~3일 전에는 빌린 돈을 돌려주어야 한다. 요즘 젊은 세대는 이런 전략을 이해하지 못할 것이다. 나는 이런 전략도 필요하다는 것을 스물여섯 살 때 처음 깨달았다. 정 사장은 당시 환갑이었는데, 만약 빚을 지게 되면 미리 갚을 것을 강조했다. 하루 이틀 미리 갚는다고 손해가 아니라, 보이지 않게 신용이 쌓이는 것이라고 했다. 이렇듯 신용의 보증수표를 만드는 것이다.

사실 돈이 없어 급하게 빌릴 때는 상환 날짜를 지키기가 쉽지 않다. 그래서 의도치 않게 신용이 낮아질 수 있기에, 먼 훗날 사업 자금이 부족할 때를 대비해 미리 보증수표를 만들고자 했던 것이다.

말 한마디로 천냥 빚을 갚는 것도 좋지만, 빚을 빨리 갚고 답례를 하는 것이 더욱 중요하다. 돈을 갚을 때는 아이스크림 하나라도 답례를 해야 한다. 이익이 난 만큼 고마운 마음을 표현해야 한다. 물론 신세 진 금액이 크다면 선물이 아닌 이자를 정확하게 지불해야 한다.

신용이란 무조건적인 믿음이다.

신용으로 맺은 관계 때문에 부도 위기에 처한 적도 있고 배신도 당해봤지만, 신용이 중요하다는 믿음은 지금도 변함없다. 너무 착하면 손해를 본다는 말은 잘못된 가치관이다. 착하게 살다 보면 당할 때가 많다는 의미일 텐데, 착하더라도 나만의 기준이 있어야 한다. 공과 사를 철저히 구분해야 한다. 아무 생각 없이 만날 때마다 밥 사주고 선물 사주는 입장이 되면 곤란하다. 연애도 마찬가지다. 착하게 살지만 무엇이

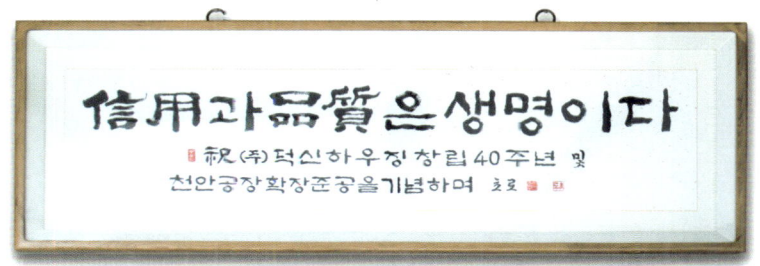

되고 안 되는지, 자신만의 확고한 철학이 있어야 한다.

몇 번 뒤통수를 맞았다고 인간이라는 존재 자체에 실망하면 안 된다. 몇천, 몇만 명 중 한 명이 배신한 것뿐이다. 그간 배신도 여러 번 당했지만, 나는 흔들리지 않았다.

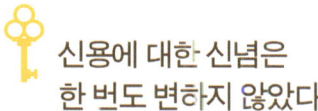
신용에 대한 신념은 한 번도 변하지 않았다

'나는 왜 신용을 쌓지 못했을까' 하고 고민하는 사람들이 있다.

아무리 돈이 많아도 큰 자금이 필요할 때가 있기 마련이다. 빌 게이츠도 은행에서 돈을 빌릴 일이 생길 수 있다.

나는 다소 이상한 사람을 만나면 마음속에 위험한 사람이라는 것을 기억하면서 소통하려고 노력한다. 이제는 연륜이 쌓여, 누구든 두세 번만 만나면 신용이 있는 사람인지 아닌지 바로 알아챌 수 있다. 그의 생활이 어렵다면 작은 단위의 돈은 그냥 줄 수도 있지만, 본인의 사고방식이 잘못됐다는 것을 알려주고 깨우치도록 해야 한다. 그의 신용이 잘못됐다는 점을 가르쳐야 한다.

때문에 신용이 없는 사람이라도 적은 돈을 빌리러 오면 일단 빌려주는 편이다. 금액이 자꾸 커지면 스스로 더 이상 못 찾아오게 된다. 이 돈으로 성공하면 갚고, 실패하면 갚지 말라고 한다. 차용증도 필요 없다고 한다. 불쌍해서 주고, 안타까워서 빨리 정신차리라고 빌려준다.

　지인에게 큰돈을 빌려준 적도 있었다. 돈이 부족해 중국에서 물건이 못 온다고 하길래 빌려주고 기대하지 않았는데, 거의 다 갚았다. 누군가의 돈을 떼먹는다는 것은 무서운 일이다. 그런 검은 돈으로는 결코 부자가 될 수 없다. 누군가에게 100억 원을 떼먹고 부자가 될 수는 없다.

　신용에 대한 내 신념은 평생토록 지속되고 있다. 가치관은 계속 변하지만, 신용만큼은 변함없었다. 신용은 여전히 나를 지켜주는 생명과도 같은 믿음이다. 적어도 신용 때문에 누군가에게 상처를 주거나 욕먹을 짓은 하지 않았다. 다른 사람의 눈에서 피눈물 흘리지 않게 하는 것은 물론이고 누군가 어려움에 처하면 최대한 도와주려고 노력한다. 이런 나의 마음을 이용하기 위해, 때로는 보여주기 위한 쇼를 하는 지인도 있다. 꼼수가 보이지만, 일단 도와준다. 하지만 세상은 그리 어수룩하지 않다. 거짓말이 통하는 세상이 아니다. 부모님이 수술해야 한다고 거짓말까지 해가며 돈을 빌려달라고 하면, 나는 직접 병원에 가서 확인해본다. 만약 그 말이 사실이라면 기꺼이 병원비를 카드로 결제해줄 것이다. 서로 어우러져 살아가는 세상에서 솔직함은 꼭 필요하다.

인맥도 신용이다

지금도 사람에 대해 공부하는 것을 멈추지 않고 있다. 세상 사람들이 사는 과정만 살펴봐도 큰 공부가 된다. 그러면서 인간관계, 직장생활의 노하우를 배우는 것이다.

현대인은 인맥을 중요시한다. 젊은 세대는 SNS를 통한 디지털 인맥을 중요하게 생각한다. '인맥 관리'는 원래 좋은 뜻인데, 현대사회에서는 좋지 않은 방향으로 변질된 것 같아 아쉽다. 인맥은 대부분 낮은 사람이 높은 사람을 향해 굽실거리거나 수평적으로 흐른다.

하지만 난 수직 관계에서 관리를 잘해야 한다고 본다. 그것이 바로 '의리'라는 것이다. 을은 갑에게 인맥 관리를 잘해야 한다. 하지만 잔머리만 쓴다면 무의미하다. 예나 지금이나 젊은 세대는 잔머리를 잘 쓴다. 부질없고, 모자란 사람이나 하는 짓이다. 옛날에는 통할지 몰라도

지금 세상에는 통하지 않는다. 아이큐가 높아야 잔머리도 잘 쓴다지만, 이제 그런 방식은 필요 없다.

동신상사 정 사장도 나의 첫 인맥이었고, 일하면서 만난 고객들도 마찬가지다. 거래처에서 중매를 해줘서 결혼도 할 수 있었다. 거래처에서 대화를 나누던 중 결혼하고 싶은데 신부감을 만나기 어렵다고 고백하니 자기 부인의 친구 시누이와 맞선을 보게 해준 것이다. 이렇듯 세상 사람 누구나 인맥 없이는 먹고 살기 어렵다.

물론 가끔은 인맥 때문에 힘든 일도 생긴다. 인맥이 필요 없다는 것은 그만큼 내가 성공했다는 의미이기에 인간관계를 더욱 조심해야 한다. 나 역시 번듯한 회사 대표가 되고 나니 언제부턴가 나와 골프를 치고 싶어 하거나 취직 자리를 부탁하는 사람도 있다. 심지어 경비 고용, 식당 운영, 환경미화 청탁 요청도 들어온다. 참으로 곤란할 때가 많다. 차라리 돈 빌리러 오는 사람을 대하는 것이 낫겠다는 생각이 들 정도다.

좋은 인맥을 원한다면 자신부터 성실해야 한다. 무조건 상대와 약속을 잘 지켜야 한다. 약속 시간 1분 전이라도 먼저 가서 앉아 있고, 기본 예의를 잘 지키며, 몸에 밴 성실함을 보여주어야 한다. 값비싼 옷이나 시계로 사치를 부리면 안 된다. 단정하고 순수하게 치장하는 것이 좋다. 신용이나 인맥의 의미는 시대가 바뀌어도 변함없다. 사람이 변하는 것일 뿐 의미가 변하는 건 아니다. 사람이 변하는 것일 뿐 단어가 변하는 것은 아니다.

신용의 중요성을 깨달은 순간

젊은 시절, 군을 제대한 뒤 마땅히 할 일이 없어 인력시장을 통해 일하러 간 적이 있다.

벽돌 나르는 일부터 시작했다. 차곡차곡 쌓은 벽돌을 등에 짊어지고 현장까지 걸어 올라가는 일은 생각보다 힘들었다. 어릴 때부터 농사일을 도왔고 월남까지 다녀온 체력이기에 문제없을 거라고 생각했지만, 막노동은 녹록지 않았다. 일주일 정도 일하고 나면 몸살이 나거나 코피가 쏟아져 꾸준히 일하기 어려웠다. 게다가 장마철이 되자 일이 끊겨 새로운 일을 찾아야 했다.

'동신상사. 사원모집, 잡역부 구함.'

전봇대에 붙어 있는 동신상사 사원모집 광고를 본 나는 운명에 이끌리듯 회사를 찾았다.

"무슨 일이든 시켜만 주시면 열심히 하겠습니다. 잘 부탁드립니다."

젊은 패기로 합격한 나는 다음 날부터 동신상사로 출근했다.

가장 먼저 출근하는 것은 물론이고 하루 종일 쉬지 않고 열심히 일했다. 차가 들어오면 자재를 내리고 다시 싣고, 나머지 시간에는 자재를 정리했다. 그런데 4~5개월 정도 지났을 때 사고가 일어났다.

어느 날, 조 사장이 내게 자전거 타고 철판 배달을 다녀오라고 했다. 회사에 자동차와 리어카가 있었지만 주로 사장님이 사용했고, 나 같은 신입은 자전거를 이용해야 했다. 철판을 둘둘 말아 옆구리에 낀 채 자전거를 타고 출발했다. 오르막길에서 균형을 잡기 위해 잠시 철판 잡은 손을 놓는 순간, 철판이 다리로 떨어졌다. 큰 고통을 느꼈다. 다리에 피가 많이 났지만 배달을 가야 하기에 꾸역꾸역 페달을 밟았다. 다리에 피가 범벅인 채 회사로 돌아오자 놀란 사장님은 나를 병원으로 데려갔다. 힘줄이 끊어져 깁스를 해야 한다고 했다. 병원에서는 당연히 깁스를 풀 때까지 쉬라고 했지만, 첫 직장을 그렇게 그만둘 수는 없었다. 다음 날 깁스를 한 채 출근하자 사장님과 직원들은 놀란 표정을 지었다.

"사장님, 당분간 배달은 못하겠지만 청소는 매일 할 수 있습니다. 그만두라는 말씀만 하지 말아주세요."

사장님은 나를 해고하기로 결심한 듯했다. 하지만 내가 깁스까지 하고 출근하자 차마 그만두라는 말을 할 수 없는지 난처한 표정을 지었다. 나는 계속 아침 일찍 출근해 청소를 하고 잡일을 했다. 무릎을 꿇고 서라도 할 수 있는 일은 모두 다 했다.

"명환 군, 다리도 아픈 사람이 매일 아침 일찍 출근하고 일도 열심히 하다니 자네를 다시 보게 되었네. 자네는 한강 백사장에 갖다두어도 먹고 살 수 있을 듯하네. 그런 정신이라면 세상 어디에서도 먹고 살 걱정은 없을 거야."

일을 제대로 하지 못한다는 생각에 의기소침했는데, 사장님의 칭찬을 들으니 기운이 났다. 고마운 마음에 앞으로 더 열심히 하겠다고 굳게 결심했다. 깁스를 제거하고 출근하니 사장님은 영업사원직을 제안했다.

"내일부터 영업을 해보는 것이 어떻겠나? 현장에서 물건을 판매하는 영업사원은 성실함이 중요하네. 자네라면 잘할 수 있을 거야."

사장님은 영업사원에게 중요한 덕목으로 성실, 친절 그리고 신용 세 가지를 강조했다.

특히 '한번 고객은 영원한 고객'임을 잊지 말라고 당부하셨다. 여러

회사의 물건이나 조건은 다 비슷하다. 하지만 영업사원이 어떻게 관리하고 서비스하느냐에 따라 고객이 물건을 구입하고 안 한다는 것이다. 신용은 고객과의 약속을 꼭 지킨다는 의미이기에, 이 세 가지만 잘 지키면 영업은 어렵지 않다고 하셨다. 나는 사장님의 말을 일기장에 적었고, 지금도 생생히 기억한다. 다음 날, 사장님과 함께 거래처를 돌아다니며 인사를 했다. 사장님은 마치 아들에게 일을 가르치듯 하나하나 꼼꼼히 알려주셨다. 얼마 후 나는 혼자 거래처를 돌아다니며 영업을 시작했다. 그리고 6개월 후 일 잘하는 영업사원이라는 말을 듣게 되었다.

사기꾼에게 물건을 못 팔면 영업하지 말아라

사업 노하우를 알려주긴 했지만 정 사장이 처음부터 나를 100% 신뢰한 것은 아니다.

아직도 생생하게 기억하는 몇 가지 일화는 신용이라기보다는 서로의 믿음을 테스트한 것이었다.

당시는 영업사원이 물건을 외상으로 팔고 얼마 후 수금하는 것이 관례였다.

하지만 내가 한동안 그 날짜에 수금하지 못한 적이 있었다. 수금 날짜가 되면 거래처 사장이 항상 거짓말로 변명하곤 했다. 어느 날은 부모님이 아파서 돈을 준비하지 못했다고 하길래 그대로 정 사장에게 보고한 뒤 일주일을 미루기도 했다. 하지만 거래처 사장의 거짓말은 그 후로도 계속 이어졌다. 어느 날은 교통사고가 났고, 부도가 났다고도 했다. 거래처 사장의 거짓말에 여러 번 당한 나는 회사에서 입장이 난처해졌다.

나는 정 사장에게 크게 혼났다. 인정사정 볼 것 없이 내일부터 그 회사로 출근해 돈을 받기 전까지 들어오지 말라고 했다. 마음 약해지지 말라는 말도 잊지 않았다. 요즘은 통하기 어려운 막무가내 방법이지만, 당시만 해도 효과가 있었다. 내가 하루 종일 거래처 사무실에 버티고 앉아 있자, 그분은 장롱에 고이 간직해둔 폐물과 교육보험 증서를 내밀고는 돌아가라고 사정했다. 조만간 돈을 구하겠다고 했다. 마음이 불편했지만, 폐물과 보험증서를 갖고 회사로 돌아왔다.

바로 다음 날 거래처 사장이 급하게 돈을 마련했다고 연락이 왔다. 나는 받아온 폐물과 보험증서를 돌려준 뒤 정중히 사과했다. 일종의 연극이라고 비약할 수도 있겠다. 하지만 험한 말이 오가지 않았기에 화해가 가능했다. 서로 솔직히 실수를 인정했고, 결국 아무도 피해를 보지 않았다.

정 사장은 사기꾼에게 물건을 못 팔면 영업하지 말라고 했다. 성품이 좋지 않은 사람이라고 해서 인연을 끊으면 세상이 망한다는 것이다. 주위 사람에게 신뢰와 소통을 가르쳐야 더불어 사는 세상이 된다는 말씀에 마음 깊이 동감했다. 그리고 사실 신용이 안 좋은 곳에서 큰 영업 이익을 낼 수 있다. 다들 꺼리는 곳과 정정당당하게 거래하면 야무진 사람이라고 소문이 좋게 나기도 한다. 이 사건을 통해 고비만 슬기롭게 극복하면 수금도 잘할 수 있다는 것을 깨달았다.

나의 멘토, 동신상사 정희상 사장

정 사장과 얽힌 수금에 대한 일화가 또 있다.

젊은 혈기에 열심히 일하다 보니 거래처로부터 받아야 할 돈이 2700만 원이나 됐다. 요즘 재무팀은 서울보증보험에서 보증서를 끊어오게 한다. 그때는 직원의 재산을 걸면 신용보증을 해주었는데, 지금은 그 보증제도가 없어졌다. 사장님이 내게도 보증서를 제출하라고 했지만, 친인척 중 보증해줄 사람도 재산도 없던 나는 난감하기만 했다.

내 양심을 체크하려 한 걸까. 어느 날 갑자기 사장님이 그날 중으로 2700만 원을 모두 수금해오라고 지시했다. 내게만 지시하면 다들 이상하게 생각할까 싶었는지 전 영업사원에게 갑자기 수금해올 것을 명했다. 그때 입사 1년 차였는데, 거래처에 2700만 원이나 받아야 할 돈이 있으니 걱정이 되었나 보다. 지금으로 치면 30억 원 정도 되는 큰 돈이다. 말일도 아니었기에 나를 포함해 다른 영업사원들도 크게 당황했다.

나는 신용으로 이 난관을 극복하기로 결심했다. 거래처 광신건재와 전화 통화를 했는데, 광신건재는 회사가 커서 사장이 아니라 직원이 현금 거래를 주도한다. 당시 광신건재는 970만 원의 미수금이 있었는데, 230만 원을 현금으로 가져오면 1200만 원짜리 어음을 주겠다고 했다. 그래서 광신건재에 돈으로 줄 수도 있지만 대신 230만 원어치 물건으로 드리겠다고 수금 처리해달라고 부탁하니 수완이 좋다며 나를 칭찬해주었다.

휴대폰이 없던 시절이니, 다방에 가서 하루 종일 전화를 했다. 거래처 담당자에게 사장님이 나를 의심한다고 솔직히 말하니 다들 당일에 수금해주겠다고 약속했다. 광신건재, 양평동 로터리건재, 구로 진흥설비, 공항 문화목재에서 현금으로 결제해준다고 당장 오라고 했다.

열차에서 과자를 판매하는 홍익회에 다니는 친구가 300만 원을 빌려주기로 했고, 형수님이 큰 병원 재무 담당이라 700만 원을 하루 동안 빌려주기로 했다. 지인들을 통해 벌써 1000만 원이 준비됐다. 이렇게 여기저기 돈을 받아 2000만 원을 만들어 회사로 돌아갔다. 그런데 직원들이 모두 퇴근한 회사 건물은 불이 꺼져 있었다.

사장님이 살고 있는 통천동 자택을 찾아갔다. 지금도 새파란 철문이 기억난다.

나는 일부러 늦은 시간에 문을 두드렸다. 이번 일을 계기로 믿어도 되는 사람이라는 믿음을 주고 싶었다. 사장님은 깜짝 놀라 내 손을 잡고 들어가서 사모님과 함께 돈을 세어보았다. 2000단 원이 분명했다. 사장님은 급히 양복으로 갈아입더니 신촌 고급 술집으로 나를 데려갔다. 그때 내 나이가 스물일곱이었다. 이로써 나는 성실성을 입증했고, 사장님은 나를 후계자로 인정했다. 내게 회사를 통째로 맡기고 싶은 눈치였다. 당시 사장님의 아들은 어렸고, 딸만 셋이었다. 그때부터 사장님은 나를 친동생처럼 대하며 2세 교육을 시켰다.

지금 내가 주창하는 성공 십계명의 대부분은 사장님에게 배운 것이다.

제1장 신용, 제4장 맨주먹이라도 성공하는 데 부족함이 없다는 신념을 가져라, 제5장 배운 아이템으로 돈을 벌어라. 이 세 가지 교훈은 정 사장에게서 비롯된 것이다. 스물여섯에 동신상사에 입사해 스물아홉에 독립을 선언했다. 그리고 올해 덕신하우징이 창립 40주년을 맞았으니 감개무량하지 않을 수 없다.

장사꾼과 기업가는 어떻게 다를까?

내가 정 사장을 존경한 것처럼, 나를 멘토로 삼은 임직원들이 있다.

지금 근무하는 직원 중 한 명만 언급하면 서운할지 모르니 이야기하지 않겠다. 퇴사한 사람 중 기억에 남는 직원의 이야기를 하겠다. 총 아홉 명의 임직원을 독립시켰는데, 이 중 여섯 명이 성공했다. 그 가운데 나와 같은 '덕신상사'라는 간판을 달고 사업을 시작한 네 사람이 있다. 다 성공해서 지금은 메르세데스-벤츠 자동차를 타고 다닌다. 우리 회사에서 독립할 때 내가 사업 자금을 빌려주었는데, 다 갚았다. 참으로 보람 있었다.

이제는 다들 회사명을 바꾸었는데, 이창민 대표는 아직도 덕신상사라는 이름의 회사를 운영하고 있다. 발산동에서 덕신상사를 운영하는 그는 1985년에 나와 처음 인연을 맺었다. 우리 회사 영업사원이었던 그는 물건을 자꾸 외상으로 팔았다. 당시 외상 판매를 금지했는데도 그는 결과를 책임지겠다며 각서까지 썼다. 그래서 월급에서 30%를 제외하고 70%만 주어 생활비로 쓰게 했다. 그렇게 네다섯 달이 지난 어느 날 출근해보니 그의 눈빛이 좋지 않았다.

그날 저녁 그가 술 마시고 우리 집에 찾아올 것 같은 예감이 들었다. 아니나 다를까, 저녁에 그가 초인종을 누르기에 야전 점퍼를 입고 나가 살살 달래서 데리고 들어왔다. 뭐가 그렇게 서운한지 물으니, 매달 월급을 70%만 받는 것이 너무 억울하다고 했다.

"서운해하지 마라. 그 돈을 내가 갖는 것이 아니다. 나머지 30%는 매달 네 이름으로 정기예금에 넣고 있다. 너 사람 만들려고 그러는 거다. 그렇게 서운하면 이제 외상 거래를 안 하면 된다."

근성 있는 영업사원은 일단 물건을 많이 팔고 싶은 욕심에 외상을 주기 마련이다. 무조건 나쁘다는 것이 아니다. 하지만 그를 회사 방침에 따르게 하고 싶었다. 이제는 그가 자산 70억 원의 성공한 사업가가 되었으니, 보람을 느낀다.

이창민 대표가 예전에 〈내 나이 사십에 인생을 돌아보니〉라는 책을 냈는데, 내 이야기가 몇 구절 쓰여 있었다. 특히 그가 나와 처음 인연을 맺은 과정이, 내가 동신상사 정 사장을 만나게 된 것과 비슷하다는 것을 깨달았다.

전남 장흥 출신인 이창민 대표는 군을 제대하고 서울에 왔다가 부동산에 붙어 있던 '덕신상사, 영업사원 구함'이라는 공고를 보고 면접을 보러 왔다. 그때가 1985년 3월의 일이다. 그 후 8년 동안 그는 내 곁에서 신용과 신뢰, 성실을 배웠다. 처음에는 일을 배우면서 힘들 때마다 내가 그저 장사꾼으로 보였노라고 썼다.

"덕신철강 김명환 회장님, 허용순 사모님
 내 인생의 지울 수 없는 인연을,
 부모, 형제, 부부의 연보다 더 진한 이 두 분과의 만남을 어떻게 글로 표현해야 할지 고민을 많이 했다. 언젠가 덕신철강 직원 망년회에서 내가 인사말을 하게 되었는데, 그때 이런 표현을 했다. 부모님께서 나를 낳아주셨다면, 두 분은 나의 곁다리를 만들어주셨다고 자신 있게 이야기할 수 있다고.(중략)

장사꾼과 기업가는 어떻게 다를까? 장사꾼은 한순간의 돈, 바로 내 앞의 돈만 생각하는 사람이다. 기업가는 언제나 꿈을 꾸는 사람으로 도전으로 가득 찬 비범한 삶을 산다. 헤밍웨이는 바다에 끊임없이 도전하는 노인의 삶을 통해 인간의 모습을 그렸고, 덕신하우징을 이끌어온 김명환 회장님은 시련에 굴복하지 않고 언제나 도전하는 모습을 보여준 진정한 기업가시다. 회장님은 '꿈을 버리지 않는다면 실패는 있을 수 없다'고 자주 말씀하셨다. 또한 신용을 생명으로 여기는 분이시다. 두 분을 실망시키지 않고, 부모처럼 스승처럼 모시고 싶은데 언제나 죄송할 따름이다."
- 이창민 대표의 〈내 나이 사십에 인생을 돌아보니〉 중에서

글쎄, 나도 장사꾼과 기업가의 차이에 대해 정확하게 정의 내리기는 어렵다.

처음에는 나도 그저 한 달 벌어 한 달 먹고 사는 수준이었다. 2005년부터는 남을 도울 수 있을 정도로 넉넉하게 돈을 벌었다. 그러다 보니 돈을 어떻게 쓸까 고민하게 되고, 그러다 더 많은 꿈을 꿀 수 있도록 바뀌지 않았나 싶다. 내가 책을 낸다고 하니 이창민 대표가 응원의 편지를 보냈다. 편지를 읽어보니 나도 기억나지 않는 재미있는 일화가 쓰여 있었다.

"회장님과 신도림동 덕신상사에서 처음 인연을 맺었습니다.
1988년 5월경, 신도림동에서 신월동으로 이사하는 날이었습니다. 개인 화물차에 이삿짐을 싣고 오다가 경찰의 검문을 받게 되었습니다. 지금도 그렇지만, 개인 화물차에 이삿짐을 실으면 안 됩니다. 당

연히 검문 고지서를 끊어야 할 상황이었는데, 경찰이 머뭇거렸습니다. 그때는 만 원만 주면 불법행위도 무마해주던 시절이었습니다. 경찰이 돈을 요구하자, 회장님은 법대로 하자고 대꾸했지요. 두 분이 언쟁을 하던 중 경찰이 권총을 내밀어 협박하고 회장님의 머리를 가격하기도 했습니다.

지금 생각하면 아찔하면서도 용납하기 어려운 상황이었습니다. 회장님은 급박한 상황에서도 나에게 몇 시에 출발했고, 몇 시에 언쟁이 시작되었는지, 총으로 몇 대 때렸는지, 경찰서에 도착한 시간까지 모두 기록하라고 했습니다. 결국 경찰이 무릎까지 꿇고 빌어서 용서하긴 했지만, 회장님은 불의를 용납하지 않는 분이라는 것을 깨닫는 계기가 되었습니다. 그런 정신없는 와중에도 꼼꼼히 일 처리하며 기록하는 모습은 평소의 성실함에서 발현되었겠지요.

무일푼으로 서울에 올라와 지금의 덕신하우징을 이룩하셨다니, 놀랍기만 합니다. 초등학교만 졸업한 학력임에도 기획, 영업, 마케팅, 홍보 능력은 누구보다 뛰어나십니다. 회장님의 경영은 좁쌀 경영이 아닙니다. 선택과 집중의 매크로 경영입니다. 무엇이든 관심을 가지면 최고 수준에 이르기까지 연구하고 또 연구합니다. 부족함이 있으면 이를 인정하고 부족함을 배우려고 부단히 노력하는 사람입니다."

- 이창민 대표의 편지 중에서

이창민 대표는 편지를 통해 김밥도 내가 팔면 잘 팔릴 것이라고 찬사를 보냈다.

1995년 1월, 그를 독립시킬 때 '신용은 생명이다'라며 손가락 걸고 약속하던 기억이 난다. 그에게 사업 아이템을 그대로 전수했으니 독립시킨 것이자 물려준 것과도 같다. 나는 이제 유통업이 아닌 덕신철강, 덕신하우징을 운영하니 그에게 '덕신상사'라는 원래 이름을 쓰도록 허락했다. 평소 언젠가 독립해 자신의 이름을 걸고 장사를 해야 한다고 조언하기도 했다. 독립 전에는 그의 사업계획서를 함께 검토하며 자본금, 점포세, 보증금 얼마로 어떻게 사업을 할 것인지, 돈은 어디서 마련할지 같이 고민했는데 이렇게 성공한 사업가가 되었으니 보람을 느낀다.

그가 독립할 때 1억2000만 원을 빌려줬고, 다시 잘 돌려받았다. 이창민 대표의 딸이 훌륭하게 커서 지금 우리 회사에 다니고 있다. 든든하다. 나는 직원들이 독립한다고 해도 서운하지 않다. 그런 나를 보면 이해가 안 간다는 사람도 많다. 심지어 정 사장은 내가 독립한 것을 두고 죽기 전까지 서운해하셨다.

직장을 천국으로 만드는 네 가지

1. 구성원 개개인이 출근하는 것이 즐거워야 한다.
2. 구성원끼리 일터에서 마주하는 것이 편안해야 한다.
3. 경쟁보다는 배려와 협력을 통해 성장해야 한다.
4. 자아실현의 기쁨이 있어야 한다.

Kim Myunghwan Life Story

제 2 장

저축하라

| 제 2 장 | 저축하라

 **저축의 중요성을
깨닫게 된 계기**

동신상사에서 몇 가지 일을 겪은 뒤 정 사장의 절대적 신뢰를 얻을 수 있었다.

물건을 판매하면서 회사의 통제를 일절 받지 않으니, 영업이 잘될 수밖에 없었다. 하지만 정 사장은 항상 판매란 돈이 조금 남는 일이라고 불평했다. 장사란 언제나 이익이 많이 남지 않는다고 했다. 열심히 일하던 나는 정 사장의 말이 거북하게 들렸고, 돈을 많이 벌고 싶었기에 조만간 내 장사를 시작해야겠다고 결심했다.

사장님은 사업을 하려면 적어도 300만 원 정도의 기본 자금이 필요하다는 말을 해주었다. 기본 자금이라는 것은 사실 정확한 기준이 없다. 넉넉하게 준비하려면 한도 끝도 없다. 300만 원이라는 것은 3개월 동안의 쌀, 난방, 가게 임대료 등을 낼 만한 금액이었다. 사장님의 말대로 300만 원을 준비하기 위해 아끼고 또 아꼈다.

마음먹은 퇴직 예정일이 얼마 남지 않았는데, 박정희 대통령이 서거한 10·26 사태가 터졌다. 더군다나 나는 거리에서 영양실조로 쓰러지기까지 했다. 그동안 월급 타서 대부분 부모님과 형제들의 생활비로 썼으니, 당연히 저금을 거의 하지 못했다. 형들은 벌어서 자기 용돈으로 쓰고, 동생도 회사를 계속 옮기며 불안정한 생활을 했다. 식구들과 월세 살면서 교통비까지 많이 들다 보니, 밥값을 아낄 수밖에 없었다. 빨리 300만 원을 벌어 독립하고자 다음먹었기에 밥값 80원도 아까웠다. 당시 월급이 5만~6만 원 정도였는데 용돈을 아껴 300만 원을 모으려면 얼마나 힘들었겠는가. 쌀 한 가마니가 1만2000원, 연탄 100장이 3000~4000원일 때다. 월세가 3만 원으로 월급의 절반을 차지했다.

밥값 아끼느라 늘 부실하게 먹던 나는 어느 날 거리에서 쓰러졌고, 병원에서 폐결핵에 영양실조 판정을 받았다. 저렴한 국수 한 그릇으로 몇 년을 버티다 보니 면역력이 떨어져 폐결핵에 걸린 것이다. 어쩔 수 없이 그때만큼은 의사의 조언대로 회사를 쉬면서 집중 치료를 받았다.

하지만 폐에 찬 물을 빼고 나니 말라버려서 폐 하나가 여전히 정상적 기능을 하지 못했다. 폐 하나가 없는 셈이다. 현재 의학 기술로는 손상된 폐를 살리는 것이 가능하다는데, 그때만 해도 그렇지 못했다. 나는 정 사장에게 허락을 구한 뒤 건강을 회복하는 데 힘썼다. 경희의료원에서 20일간 치료를 받았다. 그 후로도 3년간 약을 먹으며 정기 검사를 받고 완쾌 판정을 받을 수 있었다. 아직도 오른쪽 겨드랑이 아래 그때의 흉터가 남아 있다. 지금도 흉터를 만질 때마다 힘들던 기억이 나서 마음이 아프다. 이것이 사직하기 1년 전쯤 일이다.

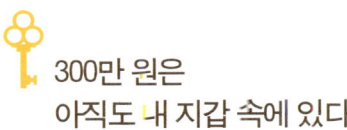

300만 원은
아직도 내 지갑 속에 있다

정 사장에게 30개월 동안 배울 만큼 배웠다고 생각했다.

더 이상 배울 것이 없다고 판단한 나는 1979년 추석이 지나고 사직서를 냈다. 열심히 가르친 직원이 사직서를 냈으니 정 사장의 마음도 좋지는 않았을 것이다.

구로동에 회사를 차렸다. 동신상사 근처에 회사를 차린다는 것은 도리에 어긋난 일이라 여겨 일부러 먼 곳에 회사를 오픈했다. 그것이 지금 덕신하우징의 전신인 덕신상사다. 1980년, 드디어 내 사업을 시작했다. 처음 시작할 때는 작은형, 큰형과 함께 일했다. 1981년 결혼하면서 집사람이 경리를 맡았고, 형들이 그만뒀기에 여동생의 남편과 일했다. 초기에는 미우나 고우나 가족끼리 열심히 일했다.

당시 사업 자금 300만 원의 용도는 다음과 같다.

먼저 120만 원으로 백색전화를 놓았다. 흑색전화는 1, 2년을 기다려야 연결되었기에 당장 연결 가능한 백색전화를 신청한 것이다. 나머지 100만 원으로 중고 트럭을 사고, 50만 원은 천막과 책상을 구입했다. 번듯한 사무실 대신 천막을 쳐서 임시방편으로 회사를 만들었다. 남은 30만 원으로는 PVC 파이브를 구입해 트럭에 싣고 다니면서 판매하기 시작했다. 전화로 주문을 받으면 바로 배달해주었다. 일요일에도 쉬지 않고 새벽부터 일했다. 어느 날은 하루에 300만 원까지 매출을 올렸다. 그렇게 몇 달이 지나자 제법 돈을 모을 수 있었다. 오픈하고 6개월 뒤에는 새 차를 두 대나 살 만큼 규모가 커졌다. 당시만 해도 큰돈인 몇억 원의 돈을 회전할 수 있게 되었다. 1년도 채 되지 않아 동종업계 최고의 회사로 인정받았다.

그때 사업을 시작한 300만 원(3000달러)을 아직도 지갑에 넣어 다닌다. 달러로 넣어야 지갑이 많이 부풀지 않으니 환전해서 갖고 다니는 것이다. 내 지갑엔 항상 본전이 있으니 마음이 편하다. 불안하지 않다. 지금 당장 천지개벽이 일어나거나 전쟁이 나도 지갑에 본전이 있으니 말이다. 인생 최초로 투자한 돈을 1년 365일 갖고 다니는 것이다. 내가 앞으로 10년을 살든 1000년을 살든 본전은 변하지 않는다. 가끔 급할 때는 꺼내 쓰기도 하지만, 쓴 돈은 꼭 다시 채워둔다. 본전이라는 개념이 참 오묘하다. 인간관계에서도 본전 생각이 날 때가 있지 않은가. 항상 누군가의 도움을 받으며 생활하는 사람은 욕심이 한도 끝도 없다. 나는 본전 생각이 나지 않는 건실한 사업, 돈독한 인간관계를 추구해 왔다.

독립한 뒤 더 이상 일로는 만날 일이 없었지만, 명절 때마다 사장님 댁을 찾았다. 눈빛은 반가워하셨지만, 표정은 아니었다. 그 눈빛 때문에 사장님이 돌아가실 때까지 인사를 드리러 갈 수 있었다. 정희상 사장님에게 사업의 많은 부분을 배웠기에 장례를 치러드렸고, 아직도 마음 깊이 존경한다.

▲ 초기 사업자금인 300만원을 달러로 환전해 지갑에 넣고 다닌다

부자가 되는 네 가지 방법

1. 정신무장

세상에 아무도 아는 사람이 없다는 마음가짐을 갖는다. 무인도에서 혼자 살아가는 마음가짐으로 일하자.

2. 메모 습관

일기 쓰기를 생활화하자. 생각하고, 보고, 듣고, TV를 보거나 신문을 볼 때마다 필요한 구절을 반드시 기록한다.

3. 프로젝트와 매뉴얼을 구분하자.

잘 살겠다는 결심은 프로젝트고, 나머지는 매뉴얼이 없다.

4. 점검

문제의 답을 풀다 보면 그것이 생산성이 된다. 그것이 원가절감이다.

― 2004년 일기장 메모 중에서

어린 시절,
영업의 매력을 깨닫다

동신상사에서 영업사원으로 일하며 사업가의 꿈을 키운 나. 지금 생각해보면 초등학교 4학년 때 아이스크림을 판매한 것이 내 인생 최초의 영업이 아니었나 싶다.

소풍 간 날 아이스크림 장사를 만났는데, 그는 "아이스케키 사세요~"라는 말도 없이 조용히 앉아 있었다. 20대 청년으로 보였는데, 지금 생각해보니 숫기가 없었던 것 같다. 아이스크림도 먹고 싶었고, 가만히 앉아 손님을 기다리는 그가 답답해 보여 내가 나섰다.

▲ 덕신상사 앞에서 큰 딸　　▲ 덕신상사 앞에서 아내와 큰 딸　　▲ 초창기 덕신상사 전경

"아저씨, 아이스케키 몇 개 남았어요? 제가 한번 팔아볼까요?"

나도 평소에는 부끄러움을 많이 타지만, 한번 발동이 걸리면 노래도 몇 곡 할 수 있는 배짱은 있었다. 즉석에서 장사에 도전한 것을 보면 어릴 때부터 영업 기질이 있었던 것 같다.

"아이스케키 사세요. 맛있는 아이스케키 사세요~"

가방을 둘러멘 나는 아이들 사이를 돌아다니며 신나게 외쳤다. 우르르 몰려든 아이들에게 순식간에 50개 정도 팔았다. 아이스크림 장사는 고마워하며, 녹아서 모양이 망가진 아이스크림을 먹으라고 주었다. 정말 실컷 먹었다. 그 자리에서 10개는 먹은 듯하다. 처음 해본 장사는 엄청 재미있었고, 아이스크림은 너무 맛있었다. 하지만 그때 입안이 헐어 고생한 뒤로는 아이스크림을 잘 먹지 않는다. 나무 막대를 꽂은 딱딱한 하드 형태의 아이스크림인데 허겁지겁 먹느라 깨물어 먹다 보니 입안이 헐어버린 것이다. 어릴 때부터 골목에서 채소 장사들이 소리지르는 모습을 구경하는 것을 좋아했다. 지금도 시장에서 엿장수가 보이면 서서 구경하곤 한다. 엿가락을 치면서 흥겹게 소리지르는 모습이 참 정겨워 보인다. 아이스크림 장사는 그때 딱 한 번 해봤다. 맛있었지만 다시는 먹기 싫은, 아이스크림에 대한 재미있는 추억이다.

 영업사원의 힘

"임원이 사원보다 보수를 많이 받는 것은 자본주의에 역행하는 것이다."

이런 글귀를 몇 년 전 일기장에 써놓은 것을 발견했다. 이 생각은 여전히 변함없다. 임원이라고 해서 모두가 일을 잘하는 것은 아니다. 연륜은 있지만 잔소리만 하는 임원은 보수를 줄여야 한다. 아마 이 글을 쓸 당시 몇몇 임원이 일을 열심히 하지 않는 바람에 화가 나서 이런 관습에 대해 생각해본 것 같다.

많은 임원이 높은 자리에 올라갈수록 직원들의 업무 태도를 잘 볼 수 있다고 말한다. 나도 그 말에 동감한다. 만약 큰소리만 치고 직원들의 실제 모습을 잘 파악하지 못하는 임원이 있다면, 그 사람은 일을 제대로 못하는 것이다. 그것이 바로 현장 경영이다. 하루 종일 책상 앞에 앉아 있는 대신, 모든 답이 현장에 있다는 것을 알아야 한다.

특히 영업직은 무조건 사람을 만나러 나가야 한다. 당장 계약 이야기를 마무리하지 못하더라도 정치 이야기도 듣고, 사는 이야기도 듣고 와야 한다. 비가 오거나 눈 내리는 날 만나러 가면 더욱 좋다. 날씨가 꿀꿀하니 거래처 사람들도 마음이 심란해서 반가워할 것이다.

물건을 판다는 건 쉬운 일이 아니다. 다른 사람들과 똑같은 방식으로 영업하면 성공률이 높지 않다. 과거 영업사원들은 대부분 거래처에 제품을 팔아달라고 사정하면서 술 사주는 것 말고는 특별한 전략이 없었다. 이런 틀에 박힌 영업 방식을 탈피해야 했다.

오래전 내가 영업할 때 거래처 임원이 설악산으로 골프를 치러 간다는 정보를 들었다. 나는 당장 설악산 인근 골프장을 찾아갔다. 골프장 명단을 확인하니 그의 이름이 있었다. 골프장 직원에게 물어보니 내일까지 이틀 연속 친다그 하길래 조용히 결제를 한 뒤 돌아왔다. 그가 물어보면 절대 내 이름을 말하지 말아달라고 했다. 굳이 이름을 밝힐 필요도 없다고 생각했다. 하지만 거래처 임원은 한 달도 채 되지 않아 내가 계산했다는 것을 알고 고맙다는 인사를 전했다. 그렇게 남들이 하지 않는 방식으로 거래처 임직원에게 덕신의 이름을 알리려 노력했고, 좋은 평가를 받았다.

한번은 도 건축회사 임원이 태국으로 골프를 치러 간다는 말을 들었다. 그 회사와 좋은 관계를 맺고 싶었던 나는 태국으로 직접 날아가 조용히 비용을 계산하고 돌아왔다. 요즘 같은 시대에 이런 영업은 금물이지만, 그때만 해도 무리 없는 영업 방식이었다. 우리 회사를 알리기 위해 직원을 시키기보다 내가 직접 나서곤 했다.

이제 내가 직접 영업을 하지 않는 이유는 회사 대 회사로 거래가 이루어지기 때문이다. 사람을 보고 거래하는 것이 아니라 덕신하우징을 보고 거래하는 만큼 더 이상 오너가 직접 영업하지 않아도 되는 회사 브랜드 가치가 높아지면서 노골적인 접대문화가 없다. 물론 여전히 영업은 필요하지만, 회사를 믿고 맡기는 추세다. 덕신하우징이 좋은 제품을 만들고, 납기를 잘 지키고, 공사 잘하는 품질 좋은 회사로 인정받게 되었으니 감개무량하다.

때로는 곤욕을 치르기도 했다. 1996년 모 대기업에서 협력사 간담회를 열었는데, 평소 하던 대로 틀에 박힌 소리 대신 바른 말을 해달라고 했다. 거래처 임원은 협력사가 직언을 해야 자기들이 높은 고과 점수를 받는다고 했다. 나는 이때가 기회라고 생각했다.

"왜 경쟁사에는 원가가 싼 좋은 물건을 팔면서 우리 회사에는 안 주십니까? 뇌물을 드려야 우리 회사에도 좋은 물건을 줄 수 있습니까?"

다른 사람들도 덩달아 언성을 높이자 간담회가 중단됐고, 나는 밖으로 끌려 나왔다. 알고 보니, 임원이 어젯밤 술김에 지나가는 말로 직언을 해달라고 한 것이다. 그런데 그 말을 곧이곧대로 믿고 평소 하고 싶은 말을 해버렸으니 그가 당황한 것은 당연했다. 월급쟁이들은 술 몇 잔 먹으면 인사불성이 되는 경우가 많다. 하지만 오너들은 술에 취하는 경우가 드물다. 똑같이 마셔도 정신력이 다르다. 책임져야 할 직원이 몇백 명이니 조심할 수밖에 없다. 이튿날, 그 임원이 회사로 찾아와 사과 공문을 회사로 발송해달라고 했다. 그 사건 이후 나는 지금도 블랙리스트에 올라 있고, 다들 조심하는 눈치다.

접대는 사람 사귀는 것이고, 영업은 물건을 잘 파는 것이다

새로운 거래처를 만나면 일단 물건을 써보는 것이 중요하므로 제품의 차별성을 파악해달라고 요청한다. 제품의 차별성을 알리고 나면, 욕심 부리지 않고 납기를 지키고 품질에 대한 신용을 입증한다. 하지만 가끔 감당도 못하면서 납품 욕심을 부리는 회사를 보면 안타까운 마음이 든다.

오너가 영업하는 곳은 오너가 잠시라도 일선에서 물러나면 회사가 어려워진다는 단점이 있다. 작은 회사, 작은 가게 대표들은 이 점을 유의해야 한다. 장사가 잘되는 식당은 비 오는 날이면 단골 회사에 파전과 막걸리를 들고 인사 간다. 그런 정성을 보이면 누구라도 그 식당에 계속 가지 않을 수 없을 것이다. 엄청난 것이 아니라 차 한잔에도 감동을 받는 것이다. 이것이 바로 영업이다. 노력도 해 보지 않고 운 없음만 탓하면 안 된다. 어떻게 하면 가게를 차별화하고, 청결을 유지할지 끊임없이 신경 써야 한다.

만약 커피숍을 운영한다 해도, 영업이 중요하다. 아는 사람이 많아야 커피를 사러 올 것이 아닌가! 지역 동사무소, 파출소 관련 단체에 들어가 열심히 활동할 것을 권하고 싶다. 특히 파출소와 협력하는 유관 단체에 들어가는 것은 좋은 아이디어다. 파출소마다 선도위원이 있어 한 달에 한 번 파출소장과 함께 회의를 한다. 월급쟁이보다는 주로 동네 유지들이 참여하는 모임이기에 미래의 잠재 고객을 확보할 수 있다. 동사무소에는 자문위원회와 통장협의회가 있다. 도임에 가입해 매월 야유회도 가고 불우이웃돕기도 함께 해보자. 사람을 사귈수록 고객층이 넓어진다. 더 크게 영업하고 싶다면 군청, 경찰서 관련 시민 모임에 들어가면 된다. 장사를 잘하려면 사교성이 있어야 하니 가게에 앉아 있지만 말고 밖에 나가 잠재 고객을 섭외해야 한다.

생산, 관리도 중요하지만 영업의 역할도 매우 크다.

영업은 밖에 나가 사람을 만나는 일이다. 회사 이익 창출에서도 영업이 중요하지만, 영업사원도 인생에서 좋은 영향을 받을 수 있다. 무역회사에 영업사원이 입사하면 비즈니스를 글로벌하게 한다. 최고급 호텔에서 숙박하면서 각국을 돌아다니다 보면 친구도 많이 만들 수 있다. 자본가를 사귀기도, 기술자와 친해지기도 한다. 벅만장자 고객도 관리하고 여러 방향의 자기 사람을 만드는 작업을 한다. 대한민국에서 영업을 한다는 것은 회사 돈으로 여러 분야의 사람을 사귈 수 있는 기회를 갖게 되는 것을 의미한다. 인맥이 형성되면 어려운 상황에서 도움을 요청할 수도, 기존 거래처와 차별화된 전략을 구사할 수도 있다. 실제로 영업사원에게 사위 삼자고 말하는 사람도 많다. 나도 그랬고, 영업하는 사람은 별도의 소개팅이 필요 없다.

단점이 있다면, 어깨에 잔뜩 힘만 들어간 '날라리'가 될 수 있다는 것이다. 속된 말로 발랑 까진다고 하는데, 엉덩이에 뿔났다는 표현도 쓴다. 일부 영업사원은 시간이 지나면 성실성이 떨어지고 잘난 척하기도 한다. 각계각층의 성공한 사람과 사귀다 보니 자만하기 쉽다. 유명한 사람과 마주 앉아 밥 먹다 보면 자신이 성공이라도 한 듯 마음이 붕 뜬다. 우월감에 사로잡힐 수 있다는 것이 영업사원의 단점인 만큼 이를 경계해야 한다. 실제로 겉멋이 들어 실적도 줄어드는 영업사원을 여럿 봤다. 늘 겸손하고 성실해야 한다.

아직까지 회사 브랜드 없이 영업하는 회사는 영업사원에게 회사를 맡긴 셈이다. 때문에 영업사원이 이직하면 회사가 문을 닫을 수도 있다. 궁극적으로 회사 브랜드를 확립해 누가 명함을 갖고 나가도 영업이 성사될 수 있도록 만들어야 한다. 어떤 임직원이 영업을 하러 가더라도 물건을 팔 수 있어야 한다. 몇 년 전 나는 체계적인 영업을 위해 건설영업, 기술영업, 유통영업 본부를 만들었는데 각 본부의 성격이 완전히 다르다. 방식은 같지만 거래처와 거래처의 문화가 다르기 때문이다. 건설영업은 건설회사, 기술영업은 기술자, 유통영업은 철강재 유통회사와 일한다.

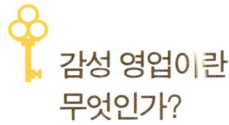 감성 영업이란
무엇인가?

감성: 자극해 느낌을 주는 반응 능력.

모든 제품은 품질이 중요하지만, 이제 감성적 느낌이 성공을 좌우하는 사회 구도로 바뀌고 있다. 최고 품질의 시대에서 감성의 시대로 바뀌고 있는 것이다. 21세기에는 감성이 성공을 좌우한다. 나는 항상 영업사원들에게 아무런 준비 없이 고객을 만나러 가지 말라고 조언한다. 고객과 만나기 전 거래처 사전 조사는 물론이고 제품 지식을 알아야 원활한 소통이 가능하다. 과거엔 고객이 왕이었지만, 지금은 고객이 '귀신'이다. 인터넷 덕분에 보유한 정보량이 엄청나다.

감성은 감동과 같은 말이다.

생산과 관리는 감동과 큰 상관이 없다. 생산과 관리에서 감성은 아예 필요 없다고 해도 과언이 아니다. 영업은 고객에게 감성 메시지를 전달할 수 있어야 한다. 고객을 위한 정성을 보여주는 것이기에 돈이 많이 들어가는 것도 아니다. 예를 들어, 고객과 함께 걷다 비가 내리면 내가 보도블록 쪽으로 걷는 것에서부터 영업의 성패가 결정된다. 빗물이 튀기는 것으로부터 고객을 보호해줄 수 있다. 우산도 얼른 받아서 접어주고 펴줘야 한다. 고객은 이런 작은 행동만으로도 감동을 받기 마련이다. 바쁜 날, 날씨 좋은 날보다는 흐린 날 찾아가서 담소를 나누는 것도 '감성 영업'이다. '감성 경영'이라고도 한다. 감동보다 감성이 예쁜 말이다. 그런 점에서 골프는 효과 좋은 사업 수단이다. 골프를 치다 보면 거래처 사장을 우연히 만나 친해지고, 안부 전화도 하고 골프도 또

치고 커피도 마시고 자연스럽게 영업도 하게 되는 것이다.

물건을 싸게 판매하는 것이 감성이 아니다. 제값을 받고 소통의 예의를 지켜야 한다. 이런 원리를 잘 모르는 영업사원은 접대비만 낭비할 뿐 이익을 남기지 못한다. 중요한 것은 진심으로 고객을 대해야 한다는 점이다. 고객은 진심인지 가식인지 다 알 수 있다. 클라이언트를 향한 배려가 차후에 엄청난 결과를 가져줄 수 있다. 고객을 위하는 정성이 나중에는 내 무형의 재산이 되는 것이다.

회사 브랜드만 중요한 것이 아니라 세일즈맨도 자기 이름 석 자를 브랜드화해야 한다. 의상, 인상, 스타일, 말솜씨, 재주, 학력, 고향, 환경, 취미, 인품을 인식시켜 브랜드화해라. 또한 신규 고객 확보가 무형 재산 증식의 비결이라는 것을 명심한다. 영업을 오래 하다 보면 기존 고객에게 안주하곤 하는데, 이는 실패를 자초할 뿐이다.

생산, 관리
그리고 영업이 있는 것이다

생산직도 초봉은 낮지 않다. 하지만 생산직은 진급하기 어려운 반면, 관리직은 진급이 잘되는 편이다. 생산직은 월급이 많이 오르지 않고, 관리직은 진급이 되면 자동으로 월급이 오른다.

우리 회사의 생산직은 철을 다루기에 몸이 힘들어서인지 이직이 잦은 편이다. 요즘 젊은이들은 높은 급여보다는 몸이 편한 일을 찾는 경우가 많다. 예로부터 생산직 젊은 세대들은 이직률이 높았다. 일하고 저축하는 데 익숙지 않기 때문이다. 그래서 나는 생산직을 예우해야 한다고 생각한다. 보수 문제가 아니라 생산 공장에서 종종 직원을 머슴 취급하는 것을 보면 속상하다. 현장에서 힘든 일을 하는 동료를 천대하면 안 된다. 학력이 높지 않은 생산직 직원들이 무엇을 아느냐며 무시하는 이도 보았다. 그래서 자꾸 노조가 강해지는 것이다. 아무래도 월급쟁이들은 노조가 있어야 한다고 생각하는 경우가 많다. 현재 우리 회사는 노조가 없다.

  나는 동신상사에서 근무할 때 막내로 허드렛일을 일해봤고, 김포에 첫 번째 공장을 만들면서 현장 경영도 해봤다. 사무실은 여름엔 에어컨이, 겨울엔 히터가 나오지만 공장은 그렇지 못하니 일하는 것이 쉽지 않다. 난로를 피워도 따뜻하지 않다. 못 배웠다고 어려운 일을 하면서 무시까지 당하는 그들의 상황을 충분히 이해할 수 있다. 그래서 우리 회사는 생산직 근로자가 결혼하면 회사 차원에서 축의금을 주는 등 생산직을 예우한다. 못 배운 사람이 못 배운 사람의 심정을 안다고 했던가. 선비는 결코 거지의 심정을 알 수 없다. 뭐든지 겪어봐야 알 수 있다.

  사실 우리 회사에도 노조가 잠깐 있었는데, 내가 직접 회의에 들어가 대화를 하니 노조가 필요 없다고 느껴 자연스럽게 해체되었다. 내가 회장이 되어 일선에서 물러나고 대표이사를 선임한 첫해인 2010년 첫 노조 쟁의가 발생했다. 임금 협상이 어려우니 내년에 다시 논의하자고 했는데, 부결됐다. 어느 날 직원들이 쟁의를 한다며 모두 일을 멈추고 꽹과리 치고 논다고 들었다. 그래서 나도 막걸리와 머리고기를 가져가 같이 놀자고 했다. 내가 사둘놀이를 좋아하다 보니 어쨌거나 신이 나서 공장 운동장에서 놀았다. 나와 달리 막상 젊은 직원들은 놀 줄도 몰랐다. 사장은 중간에서 안절부절못하는데, 내가 더 소리지르고 놀았더니 직원들이 풀이 팍 죽었다.

노동부에서 중재하긴 했지만, 처음엔 나도 당황스러웠다. 노조의 마음을 달래준들 협상하기 어려울 것 같았다. 그런데 가만 생각해보니 마침 노조 사무국장이 나와 동향이었다. 홍성 용봉산에 등산을 갔다가 사무국장 부친과 대포 한잔하면서 노조에 대한 얘기를 나누다 보니 나와 의견이 같았다. 나와 그의 부친이 동시에 쟁의보다는 대화로 해결하자고 사무국장을 설득했고, 노조는 자연스럽게 협의에 이르렀다.

그래서 우리 회사는 생긴 지 1년도 안 되어 노조가 해체되었다. 내 휴대폰 번호를 알려주고 할 말이 있으면 언제든 통화하고 만나자고 했다. 회장의 휴대폰 번호를 직원이 안다는 것은 어려운 일도 아니다. 당연한 일인데, 특별하게 생각하는 기업 문화가 안타깝다. 휴대폰 번호가 뭐 대단하다고 못 알려주겠는가!

"할 말이 있으면 CEO 거치지 말고 제게 직접 말하세요. 휴대폰 번호를 알려주었는데 뭐가 걱정입니까? 서운한 것이 있으면 언제든지 이야기하세요."

나를 믿으라고 호소하며 담판을 지었다. 임금뿐 아니라 생산, 품질도 단결하자고 제안했다. 노조 협상 자체를 서로 회사를 위하는 마음으로 진행하는 것이 아니라, 월급쟁이 사장이 들어가 형식적으로 대하면 제대로 해결하기 어렵다고 본다. 대기업일수록 오너가 직접 회의에 들어가야 노조 문제가 해결된다는 것이 내 생각이다. 여전히 노사협의회는 있다. 한 달에 한 번 간부 회의를 하며, 임직원 간 소통이 되지 않으면 노사협의회가 창구 역할을 한다. 나는 웬만하면 근로자 편에 선다.

영업과 경영은 비슷한 점이 많다.

농사경영, 장사경영, 생산경영, 무역경영, 정치경영. 내가 생각하는 경영 방식은 이 다섯 가지다. 모든 경영은 일맥상통하는 점이 있다. 평생 농사만 지었다고 이 모양 이 꼴로 계속 살 것이라고 자조하면 안 된다. 농사를 지어도 경영 철학이 있어야 한다.

장사경영은 동신상사, 덕신상사에서 통달했다. 철강 회사를 시작하며 생산경영에 대해서도 잘 알게 되었다.

무역경영은 아직 걸음마 단계다. 이제 시작이다. 정치경영을 제외한, 네 개 경영은 내 일에 만족해야 한다는 공통점이 있다. 장사를 하든 생산을 하든 행복을 느껴야 한다. 정치경영 빼곤 다 해보았고, 잘할 수 있다고 자부한다. 정치 경영은 잘 못할 것 같아 아예 입문조차 하지 않았다. 김대중·김영삼 전 대통령처럼 일찍이 정치에 입문했으면 잘 배웠겠지만, 이젠 늦었다. 정치에 잔뼈가 굵지 않은 테다 임기 중 새롭게 공부할 시간도 부족하니 아예 하지 않는 것이 좋다. 도덕성이 무너진 사람들과 정치를 해도 스스로 무너지면 안 된다. 길거리에 가래침이 많다고 나도 같이 뱉으면 안 되는 이치다.

신년사

임직원 여러분 반갑습니다.

새해 새 아침을 이렇게 공장에서 맞게 되었습니다.

먼저 임직원 여러분과 댁내에 만복과 행운이 가득하시길 바랍니다.

여러분, 지난 송년회 때도 말씀드린 바와 같이 금년 건설 경기에 대해서는 다들 한결같이 IMF 때보다 더 어려울 것 같습니다.

그러나 저는 금년에도 지난해 못지않은 성장을 이뤄 건설용 데크 시장에서 기어코 1위 자리를 차지하겠다고 말씀드리고자 합니다.

금년에는 2004년 매출에 비해 40% 성장과 20억 원의 순이익을 내는 것으로 사업 목표를 정했습니다. 이미 우리는 남들이 어렵다고 할 때 신제품인 스피드데크를 개발해 이달부터 생산을 시작할 예정이며, 아울러 일체형 데크 생산라인 1기를 증설하고자 이미 설비를 발주했습니다. 게다가 외부에서 역량 있는 임원급 인사를 초빙해 영업 부문에 힘을 실어줄 준비도 마쳤습니다. 이제 외형적으로는 명실상부한 업계 1위 자리를 차지할 수 있는 준비를 마쳤습니다.

다만 계획을 달성하기 위해서는 우리 스스로 새롭게 각오를 다지고 변화시켜야 할 부분도 있어서 몇 가지 경영 방침을 정해 실천해나가고자 합니다.

첫째, 고정관념에서 탈피해야 합니다. 과거의 성공 체험이나 자신의 경험, 타사의 방식이 더 이상 옳은 것이 아니며, 우리가 과거에 가지고 있던 사고방식만으로는 남들보다 높은 성과를 낼 수 없습니다. 자신의 직무에서 최선의 결과를 낼 수 있도록 지금까지의 방식과 방법을 과감히 내던지고 새로운 방법을 끊임없이 찾아나가는 창조와 혁신의 습관이 몸에 배도록 노력하고 실천해주실 것을 부탁드립니다.

둘째, 경쟁이 성공의 열쇠라는 점을 이해하고, 늘 경쟁으로부터 배우고 경쟁에서 승리하겠다는 마음을 염두에 두실 것을 당부합니다. 경쟁의 대상은 경쟁사뿐 아니라 우리 덕신 가족을 포함한 개념입니다. 이것은 투쟁이 아니라 선의의 경쟁에서 남보다 앞서나가려는 의식 개혁이며, 자기 발전의 시작입니다. 아울러 덕신철강이 성공하는 기업, 성장하는 회사로 거듭나기 위한 지름길입니다.

셋째, 목표는 반드시 달성한다는 각오를 더욱 다져주십시오. 목표는 상상 속 그림이 아니라 우리가 가야 할 이정표입니다. 우리가 기필코 점령해야 할 고지입니다. 한 해 한 해의 목표와 계획을 달성해나

가면서 여러분 개개인과 덕신철강의 비전이 형성되고 가시화되는 것입니다. 이를 위해 본인은 금년에는 각 부문의 목표 달성과 연계해 차등 성과금을 지급할 생각입니다. 목표를 달성한 조직과 사람과 그렇지 못한 조직과 사람에 대해서는 분명한 공과를 가려 마땅한 보상과 아울러 책임도 부담하게 하려고 합니다. 명실상부하게 성과와 연동한 성과급 제도를 정착시키고자 합니다.

덕신철강 임직원 여러분.

지금 제가 금년도 사업 계획과 경영 방침을 말씀드렸습니다만. 이를 달성하고 실천하기 위한 전략과 액션 플랜은 각 부문, 각 팀별로 여러분의 아이디어를 모아서 수립될 것입니다. 아무쪼록 금년이 우리 덕신철강이 업계 최고 위치를 확인하는 도약의 한 해가 될 수 있도록 여러분의 지혜와 노력이 모아지기를 당부드립니다.

끝으로 우리 덕신 가족 여러분의 건강과 행복을 다시 한번 기원합니다.

여러분 새해 복 많이 받으십시오.

- 2005년 1월 3일 덕신철강 사장 김명환

▲ 덕신하우징 상패 모음　　　▲ 2015 천만불 수출의 탑 수상

Kim Myunghwan Life Story

제 3 장

일기는
성공의 어머니다

| 제3장 | 일기는 성공의 어머니다

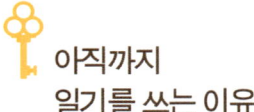
아직까지
일기를 쓰는 이유

나는 충남 홍성군 홍북면 신경리 신리 용봉산 밑에서 6남매(3남 3녀) 중 다섯째로 태어났다.

지금은 신도시로 충남도청이 들어와 발전했지만, 당시는 논밭밖에 없던 시골이었다. 내가 태어날 때 아버지는 54세였다. 지금 기준으로도 한참 늦둥이였다. 세상을 조금씩 알아갈 때 이미 부모님은 칠순에 가까웠기에, 유년 시절은 사랑보다는 생존이라는 현실의 무게를 짊어질 수밖에 없었다. 가난하고 늙은 농사꾼 부모님 밑에서 농사일을 돕느라 매일 들에 나가야 했다.

초등학생 때 일기장은 남아 있는 것이 없다. 하지만 군 제대 이후 쓰기 시작한 일기장은 지금도 가지고 있다. 초등학생 때 쓴 일기는 아마 지금 다시 읽어보면 많이 엉성할 것이다. 주로 부모님과 일할 때의 일화, 일꾼과 일하던 이야기, 비 와서 일하다 멈춘 것 등등을 썼다. 밭을 갈다 나무뿌리에 긁혀 무쇠 쟁기날이 부러지면 일을 멈출 수밖에 없었다. 쟁기날을 고치기 위해 시장까지 4.5km를 걸어 갔다 오면 완전 기진맥진했다. 열여섯 살 때는 왜 우리 집은 이렇게 준비성이 없는지 한숨

쉬며 글을 쓴 기억이 난다.

요즘은 일기를 쓰는 사람이 많지 않다. 일기 쓰는 사람들은 스스로의 언행을 되돌아보기에 잘못되지 않을 것이라고 본다. 굳이 매일 쓸 필요도 없다. 기쁠 때나 슬플 때만 써도 되는데, 안 쓰는 이들이 태반이다. 자식을 시집보내고 서운할 때, 부모님 여의고 슬플 때 가슴만 부여잡지 말고 일기를 쓰면 얼마나 좋을까! 신입사원에게 항상 일기를 쓰라고 권하는데, 실제로 쓰는지는 잘 모르겠다. 손주들은 아직 어려서 일기 쓸 나이가 아니다.

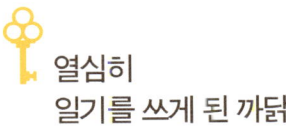
열심히 일기를 쓰게 된 까닭

어릴 때 참외 서리, 사과 서리를 하다 걸려서 혼쭐이 난 적이 있었다.

꿀 베러 간 날, 비가 추적추적 내려서 친구랑 둘이 일은 안 하고 다리 밑에서 농땡이를 쳤다. 그러다 사과밭의 새파란 사과를 따서 지게에 실어왔다. 소, 돼지가 익은 사과는 물론이고 신 사과도 잘 먹었기 때문이다. 하지만 사과밭 주인이 이를 알아채고 우리 집에 와서 나 때문에 사과 농사를 망쳤다며 아버지에게 망신을 줬다. 아버지는 어쩔 수 없이 벼 세 가마를 물어준다고 약속했다. 벼 서 가마는 너무 과한 거 같아 일기에 쓰면서 속상함을 삭이던 기억이 난다.

본격적으로 일기를 쓰기 시작한 것은 중학교에 입학하지 못한 두부터다. 큰형과 작은형이 아버지에게 나를 꼭 중학교에 보내라고 신신당부했지만, 아버지는 집안에 돈이 없으니 나를 농부로 만들고 싶어 하셨다. 당시만 해도 농촌에서는 중학교에 진학하는 아이들이 많지 않았다.

큰형은 큰아들이라 영락중학교를 졸업한 뒤 영락상업고등학교 야간 과정을 다녔다. 작은형은 야학에서 공부 중이었다. 중학교에 가려면 입학시험을 거쳐야 했는데, 매달 담임선생님에게 과외비를 내야 했다. 첫 달은 큰형 덕분에 과외비를 냈지만, 둘째 달부터는 돈을 낼 수 없었다. 어머니와 함께 농사를 짓던 아버지는 집이 가난하니 나에게 공부를 그만두면 좋겠다고 말씀하셨다.

처음에는 억울할 때마다 일기를 썼다. 그때는 어려서 복수의 칼날을 갈기도 했다. 하지만 성인이 된 뒤 복수하고 싶은 마음이 좋지 않다는 것을 깨달았다. 내가 잘못해서 벌을 받은 것인데, 죗값이 생각보다 크다고 해서 복수하면 안 된다. '눈에는 눈, 이에는 이'라는 말에 나는 동의할 수 없다. 그때 아버지에게 손해배상을 청구한 사과밭 주인이나 참외밭 주인은 젊은 사람들이라 과학적으로 농사를 지었다. 늙은 아버지는 다른 농작물은 도전해볼 생각도 못하고 오직 보리와 벼농사만 지었다. 그렇게 생각이 혁신적인 사람들이 노인을 망신 주고 떼를 쓰니 더 화가 나서 복수를 꿈꾼 것뿐이다.

상급 학교에 진학한 친구들을 우연히 만난 뒤에는 그들에게 뒤처지는 것이 걱정되었다. 번듯하게 학교에 다니는 그들이 부러운 것이 아니라 초등학생 때와 똑같은 자리에 있는 내 미래가 걱정됐다. '아버지를 졸라서라도 중학교, 고등학교에 진학할 걸' 하는 마음도 있었다. 하지만 이미 결정된 일이니 어쩔 수 없었다. 나는 친구들에게 뒤처지는 것을 조금이라도 만회하기 위해 매일 일기를 쓰기로 결심했다. 더불어 매일 한자 3자, 영단어 3개를 외우기로 했다. 형들이 사용하던 책이 집에 있었기에 가능한 일이었다. 일기는 초등학생 때부터 이미 쓰고 있었지만, 철들고 나서는 조금 다른 형식의 일기를 쓰게 됐다. 일기를 통해 오늘의 나를 들여다보고 미래의 나를 준비하고 싶었다.

학교에 가지 않더라도 이 세 가지 약속을 매일 지킴으로써 기본 소양을 쌓을 수 있었다. 그때 익힌 한자와 영단어는 지금도 큰 도움이 되고 있다.

▲ 홍북초등학교 제27회 동창회 기념사진   ▲ 아버지 회갑 기념 가족사진

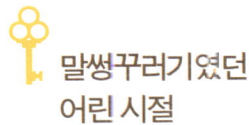
말썽꾸러기였던 어린 시절

어린 시절엔 몇 번 말썽을 일으키기도 했다.

서울에 가고 싶어 두 번이나 가출을 한 것이다. 초등학생 때 처음 가출한 날엔 남산타워에 갔다. 멀리 청계천 삼일빌딩과 줄지어 달리는 자동차 불빛이 멋있어 보였다. 나도 언젠가 저런 큰 빌딩과 자동차를 갖고 싶다는 생각을 했다.

두 번째 가출은 열여덟 살 때인데, 가출이라기보다는 서울로 놀러 갔다. 크리스마스 때 놀려고 친구들과 서울에 간 것이다. 그래도 아버

▲ 어린시절 형과 동생과 함께

지는 화를 내지 않으셨다. 첫 번째 가출 때는 초등학생이라 너무 어려서 혼내지 않으셨다. 두 번째는 아마도 농사일을 안 한다고 할까 봐 혼을 못 낸 듯하다. 시골의 겨울은 비닐하우스 공법이 들어오지 않은 때라 무척 한가했다. 나는 집에서 쉬는 것이 지루해서 친구들과 서울로 놀러 갈 계획을 짰다. 말로만 듣던 성탄절을 즐기고 싶은 마음이 있었다. 마침 아버지가 소 팔아서 숨겨둔 거금 10만 원이 집에 있었다. 지금 가치로는 100만 원이 넘는 큰돈인데, 그 돈을 훔쳐 친구들과 홍성역에서 서울 가는 기차를 탔다. 그러고는 신길역 근처 여관방에서 신나게 놀았다. 크리스마스캐럴을 들으며 다방에서 커피도 마시고, 맛있는 음식도 사 먹었다. 하지만 일주일 만에 10만 원이 바닥나자 친구들은 집으로 돌아가버렸다.

당시 무섭고 미안한 마음에 집에 가지 못한 나는 가리봉동 삼립빵 공장에 밀가루 나르는 인부로 취직했다. 하지만 형들과 아버지가 나를 달래서 다시 고향으로 내려갔다. 늙은 부모님 대신 농사지을 사람이 필요했던 것이다. 만약 그때 내가 공장에서 일했다면 지금쯤 최소한 훌륭한 빵 기술자가 됐을 것이다. 거금 10만 원을 일주일 만에 써버렸으니 아버지에게 너무 죄송했다.

"아버지 잘못했습니다. 다시는 이런 일이 없도록 열심히 농사짓겠습니다."

정신 차리고 성실하게 살겠다는 마음가짐을 일기에 남겼다.

▲ 복싱 배우는 모습   ▲ 추석날 큰댁 뒷산

농사는 언제나 정직하다

'농사경영'은 내가 만들어낸 신조어인데, 실제로 일선에서 많이 이루어진다.

내가 본격적으로 농사일을 거들 때 아버지는 이미 일흔 살이었다. 아버지는 성실할 뿐 계획은 전혀 없으셨던 것 같다. 예를 들어, 한창 바쁜 시기엔 집집마다 사람을 10명씩 구해 보리갈기, 콩갈이 등 밭일을 하곤 했다. 보리씨를 뿌릴 수 있도록 소가 고랑을 만들면 뒤이어 일꾼들이 쇠스랑으로 땅을 파고 씨를 뿌린 뒤 다시 덮는다. 새들이 씨를 먹지 못하도록, 씨앗이 뿌리내릴 수 있도록 흙으로 덮어주는 것이다.

일하다 보면 쇠스랑이 망가지기도 한다. 쇠스랑 발이 하나 부러지거나 망가지기도 하는데, 그러면 그 사람은 그날 그냥 놀거나 쇠스랑을 사러 장에 가야 했다. 이래저래 헛시간을 날리는 것이다.

땅 크기가 비슷한 다른 집과 비교해 매년 적자를 보는 아버지의 농사가 무엇이 잘못되었는지 알아내기 위해 부잣집에서 1년 동안 머슴살이를 한 적도 있다. 그들은 유비무환으로 준비를 철저히 한다는 것을 발견했다. 쇠스랑을 여러 개 준비해놓고 혹시 고장나면 바로 새것으로 교체했다. 그러다 보니 그날 할 수 있는 일의 양부터 많은 차이가 났다. 그런 식으로 과학적으로 일하니 아버지보다 소득이 높았던 것이다.

모내기를 할 때는 못줄의 눈에 맞게 모를 꽂아야 한다. 못줄이 삭아서 끊어지면 다시 잇는 시간이 오래 걸린다. 가볍게 보면 그저 몇 분이지만, 그 시간에 10명이 놀아야 하니 전체적으로 따지면 한 시간 이상 손해 보는 셈이다. 내가 머슴살이를 한 집은 항상 여비의 못줄이 있었다.

그때 얻은 교훈을 토대로 덕신하우징에서도 유비무환을 중요시한다. 리더가 생각을 멈추면 회사가 흔들린다. 어느 분야나 마찬가지일 것이다. 돈 버는 것도 중요하지만 안전이 최우선이다.

그다음이 생산의 효율성과 납품 기한 준수다. 고객과 약속을 지킨다고 서두르다 보면 불량품이 나올 수도 있고, 생산성도 저하될 수 있다. 계획을 철저히 세워야 한다. 소를 도둑맞기 전에 울타리와 문짝을 잘 관리해야 한다. 안 그러면 고생만 할 뿐 헛일이 될 수 있다. 소 잃고라도 외양간을 고쳐야 한다. 의외로 그것조차 안 하는 사람이 많다. 한번 사고 난 자리는 또 사고가 나기 마련이다. 반드시 그 자리에서 난다. 참 희한하다. 뿌린 대로 싹이 난다는 진리를 부정하면 안 된다.

▲ 군입대를 앞두고 생각에 잠겨있는 모습   ▲ 군입대 전 고향후배들과

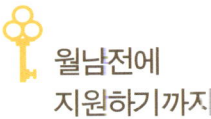
월남전에 지원하기까지

1970년, 스무 살이 되던 해 입대하기로 결심했다.

해병대에 지원서를 넣었는데, 형들이 반대가 극심했다. 내가 군에 가면 형들이 시골로 내려가 농사를 지어야 했기 때문이다. 서울에서 한참 일하던 형들은 다시 시골로 내려가야 할까 봐 당황스러웠을 것이다.

"명환아, 1년만 더 있다가 입대하면 아버지와 의논해서 논밭을 다 너한테 줄게. 네가 지금 당장 군대에 가면 우리가 귀향을 준비할 시간도 없이 시골로 내려가야 하니 일단 해병대 지원부터 취소하자."

"형들 말을 어떻게 믿어? 부모님도 동의한 거야?"

결국 부모님도 나한테 땅을 물려주는 데 동의했고, 형들은 각서까지 썼다. 입대를 연기한 나는 이번 기회에 부잣집 머슴살이 갔다가 배운 새로운 농사법을 시험해보기로 했다. 아버지는 다른 땅에서 농사를 짓기로 하고, 나 혼자 우리 논밭을 경작하게 됐다. 배운 것을 모두 성공하지는 못했지만, 기존 농사보다는 원가 절감을 대폭 할 수 있었다.

그다음 해인 1971년, 나는 군에 입대했다. 홍성역에서 한 선임하사를 만났는데, 그분이 준 군복에 군화까지 얻어 신고 씩씩하게 입대했다. 경기도 동두천의 최전방 부대에서 근무하게 됐는데, 백마부대 28연대 2대대 1중대 1소대였다. 군복무를 열심히 하던 어느 날 집에서 온 편지를 받았는데, 화가 머리끝까지 치밀었다. 글자를 모르는 아버지를 대신해 동네 이장이 쓴 편지였다. 부모님과 형들이 땅을 970만 원에 팔았다는 것이다. 나에게 물려주기로 각서까지 써놓고 땅을 팔다니, 분노가 치솟았다.

젊은 혈기에 이성을 잃고 군복을 입은 채 총까지 들고 탈영했다. 부모님과 형들을 당장 만나 따지고 싶은 마음뿐이었다. 시골에서 농사짓기 싫어 땅을 판 형들도 밉고, 꼬임에 넘어가 땅을 판 부모님도 싫었다. 걸어서 고향으로 내려가던 나는 며칠 동안 산속을 헤매다 배가 고파 외딴집에 몰래 들어갔다. 부엌에서 밥 한 그릇 먹고 있는데, 주인 할머니가 들어왔다.

"할머니, 죄송합니다. 너무 배가 고파서 허락도 받지 않고 들어왔습니다."

내 말을 들은 할머니는 밥상을 차려주었다. 나는 배불리 먹은 뒤 다시 길 떠날 채비를 했다. 그때 헌병들이 들이닥쳤다. 아마도 할머니가 신고를 한 듯했다. 다행히 내가 탈영했다는 것은 상급 부대에까지 알려지지 않아 연대 안 영창에서 며칠 동안 혼쭐이 났다. 보고하기 전이라 화를 면했는데, 사단에 보고했으면 재판을 받았을 것이다. 친분이 있던 선임하사는 나에게 월남 파병을 권했다.

"하사님, 잠도 못 잘 정도로 괴롭습니다. 약속을 지키지 않은 부모님

▲ 월남전때 야외에서 식사를 하며   ▲ 월남에서 분대장과 선배와 함께

▲ 월남전 파병때의 모습   ▲ 월남파병복무때 경계 벙커 앞에서

과 형들이 원망스럽습니다."

"월남 파병 군인을 모집 중인데, 지원하는 것은 어떻겠나? 돈도 벌수 있고, 새로운 경험도 할 수 있으니 한번 생각해봐."

영창에서 나오자마자 강원도 화천군 간동면 오음리에 있는 월남 파월 교육단에서 교육을 받았다. 아버지 역시 1940년대 남양군도(지금의 싱가포르)에서 군대 생활을 하며 돈을 벌어 고향 땅을 샀다고 했다. 이제 나도 아버지처럼 돈줄을 걸고 타국으로 가고 있으니, 이것이야말로 운명의 장난이 아닌가! 월남에 간다는 말을 아무에게도 하지 않아 더욱 외로웠다. 가족들이 미웠지만, 한편으로는 너무 그리웠다.

부산을 출발해 월남으로 가는 배 안에서 월남전이 휴전할지 모른다는 소식을 들었다. 아예 직업 군인이 되려고도 생각했기에 아쉽기도 했다. 전쟁터가 아닌 한국에서 직업군인을 하면 돈벌이가 안 되기 때문이다. 막상 월남에 도착하니 24시간 총소리가 들렸다. 상대가 공격하지 못하게 하려고 일부러 포를 쏘며 겁을 주었고, 훈련할 때도 계속 총을 쐈다. 군대 생활을 마치고 한국 가서 무엇을 할 것인지, 미래에 대한 계획같은 것은 생각할 겨를이 없었다. 부모 형제가 그립기만 했다.

휴전을 앞두고 있음에도 매복 작전을 할 때는 죽음의 공포를 느꼈다. 매복이라는 것이 적군의 진지까지 들어가 감시하는 것이기에 위험할 수밖에 없다. 육군본부에서 매복을 사단에 지시하면 피라미드 구성으로 가장 앞장서서 나가는 1인의 첨병을 뽑는다. 목숨이 걸린 문제인 만큼 주로 가위바위보로 결정하는데, 내가 몇 번이나 첨병으로 뽑혀 작전을 수행했다. 첨병은 100m 앞에 가서 지뢰와 적의 동태를 파악한다. 다른 군인들은 멀찌감치 거리를 두고 천천히 따라간다. 사방이 지뢰라 첨병이 밟은 자리만 밟으라고 교육한다. 소변도 발자국 디딘 자리에서 봐야 한다. 담배도 태우면 안 된다. 비가 와도 비옷을 못 입는다. 비 맞는 소리로 적에게 노출되기 때문이다. 말도 못하고 줄을 흔들며 서로에게 신호한다. 엄청 무서웠다. 그렇다고 평생 가장 무서웠을 때가 월남전은 아니다. 생명이 아까워서 두려움을 느껴본 적은 없고, 사업하면서 망할까 봐 두려운 적은 있었다. 그때나 지금이나 목숨이 아깝지는 않았다. 그런 쪽으로는 두려움이 없는 편이다.

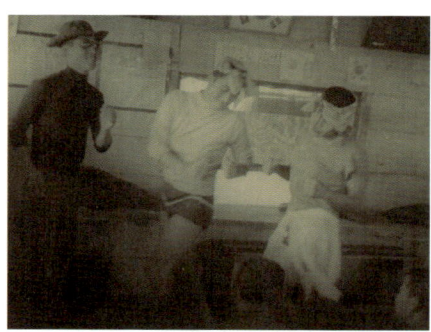
▲ 월남전 파병 때 동료들과 장기자랑을 하며 긴장을 풀던 모습

약속과 달리 땅을 팔아먹은 형들 때문에 화가 났

지만, 서운한 만큼 이를 악물고 노력하다 결국 성공하지 않았나 싶다. 작은형은 나와 함께 사업을 했기에 지금은 넉넉하게 살고 있어 안심이다. 개인 택시를 운전하는 큰형은 형편이 넉넉지 못하다. 언젠가 큰형이 작은형의 롤렉스 시계를 보고 부러워하길래, 큰형의 생일에 큰맘 먹고 시계를 선물했다. 형수님에게도 커플 세트로 롤렉스 시계를 선물했다. 아내 모르게 살짝 선물했는데, 형님 주위에서 동생에게 가짜 시계를 받았다고 의심한다는 말을 들으니 몹시 서운했다. 정작 나는 돈이 아까워 비싼 시계, 비싼 옷은 못 산다. 어려운 사람을 도와주도 나에게는 막상 돈을 쓰지 못하는 것이다. 사실 내가 쓸 만큼 쓰고는 남을 도와줄 수 없다. 회사 돈을 맘대로 쓸 수 있는 것도 아니니 항상 절약해야 한다. 이제 누나 두 분은 돌아가시고 막내 여동생만 남았는데, 서로 왕래가 없다. 경제적으로 도와달라는 부탁이 끝없이 이어져 멀어졌다. 이젠 막냇동생도 나이가 있으니, 노후생활이 너무 어렵지 않도록 도와줘야겠다.

▲ 월남전 파병 때

정말로 힘든 한 해를 마감하는구나.
260명 남짓한 직원 중 30%가 해고되니 이런 끔찍한 날이 세상에 또 있을까 싶다. 경영주로서 못할 짓을 했다. 죽어서 천당도 못 가고 지옥에 가겠다.
슬픈 심경을 어찌 글로 더 표현할 것인가.

데크 사업은 적자가 20~30억 원 나겠지만, 철강 사업은 20~30억 원 흑자 계획이다. 이래저래 현상유지는 할 수 있을 것 같지만, 수많은 직원이 회사를 떠나야 하니 이것이 회장으로서 할 짓인가. 생각해보면 사업하는 사람은 바른 생활의 도리를 다하기 어렵구나 싶다.

10년 후 내 모습이 어떻게 변할지 생각해보며 비전을 그려본다.

첫째, 나이가 70세이고

둘째, 덕신하우징, 덕신스틸 상장이 될 것이고

셋째, 글로벌 회사가 될 것이고

넷째, 소년소녀 가장 돕기 복지재단을 발족할 것이고

다섯째, 70세 기념 음반을 낼 것이고, 자서전을 발간할 계획이다.

크게 이 다섯 가지를 10년 목표로 매진할 것이고, 반드시 성공한다. 10년 후 내 모습은 많은 직원이 올해의 아픔을 다시 겪지 않게 하는 것이다.

12월 30일 직무를 마치면서. 금년이여 안녕.

　　　　　　　　　　　　　　- 2010년 12월 30일 한 해를 마감하며

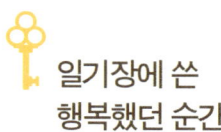
일기장에 쓴
행복했던 순간

업무 일지와 일기는 다르다.

업무 일지는 그날그날 해야 할 일을 적는 것이다. 검토를 위한 목적이다. 일기는 내가 감동받고 반성해야 할 것을 쓴다. 슬픈 일, 기쁜 일을 쓴다. 책 보고 영화 보고, 사람 만나서 감동받은 것도 쓴다. 업무 일

▲ 2010년 일기

지는 하루에 몇십 장을 쓰기도 하기에, 장수가 더 많다. 날마다 일기를 많이 쓸 만큼 기쁘고 슬프건 사람이 힘들어서 못 산다. 가끔 일기장을 다시 읽어보면 인생에 힘든 일보다 기쁜 일이 더 많아서 행복하다. 회사를 세우고 가장 행복했던 일곱 가지 순간이 계획에서부터 결과까지 모두 일기장에 쓰여 있다.

첫째는, 1996년 사옥 준공이다. 작은형이 써준 축사가 내 사무실에 여전히 크게 걸려 있다.

두 번째는 2006년 동종업체 제일테크노스와의 특허 재판에서 이겼을 때다.

만약 재판에 지면 죽어버릴 것이라고 일기에 비장하게 썼는데, 승소해서 기뻤다. 그날 기뻐서 떡까지 돌렸다. 혹시 졌다면 대한민국 특허청을 상대로 행정소송하고 사업을 접을 것이라고 생각했을 정도로 영향력이 큰 재판이었다. 경쟁사가 '지적재산권'을 침해하면 아무리 건축용 데크플레이트 세계 1위인 우리 회사라도 더 이상 사업을 못하게 된다. 우리 회사 매출액 대부분이 스피드데크로부터 나오기 때문이다. 제일테크노스가 우리의 스피드데크의 강판을 접어 올리는 부분이 자사 제품의 특허를 침해했다고 소송을 걸었고, 특허 침해가 아니라는 걸 우리가 증명하는 소송이었다. 1년의 특허 소송에서 우리가 승소했다. 중견 기업도 지적재산권을 인정받아야 한다. 유통에는 지적재산권이 큰 상관없겠지만, 제조업에는 중요하다.

2019년에는 다스코(구 동아에스텍)를 상대로 제기한 특허권 침해금지 및 손해배상 청구소송에서 대법원 최종 승소했다. 에코데크에 들어가는 핵심 기술인 '탈형 데크용 스페이서' 관련 소송이었다. 다스코는 1심에서 이겼지만, 2심에서 졌다. 대법원에 항소하면서 대법관 출신 변호사를 고용했다. 5년 만인 2019년 승소했는데, 대법원까지 가서 이긴 판결이다. 너무 기뻐서 골프장 가다 엉엉 울었다. 일기장에는 2심에서 마음 편히 대응하다 졌음을 통탄하는 반성이 적혀 있다.

지금도 여전히 에코데크도 제일테크노스, 다스코 등 6개 경쟁사와 특허재판 및 손해배상청구소송이 걸려있는데, 좋은 결과를 기대하고 있다. 경쟁사들이 우리 회사의 발명특허 에코데크를 카피해 판매하고 있다. 2022년에는 무조건 승소할 것으로 보이는데, 보상을 얼마나 받을지가 관건이다. 경쟁사들이 지금 화해를 요청하고 있는데, 협상이 어렵다. 에코데크는 시장점유율이 높은 상품은 아니니 죄책감을 갖지는 않는다. 지적재산권이 중요한 21세기다. 덕신과 경쟁사 모두 각자 최선의 준비를 해야 할 것이다.

세 번째가 2002년 천안공장 준공이고, 네 번째가 2010년 대지면적 8만 평의 군산공장 준공이다. 김포공장은 너무 작았고, 음성공장은 내 손으로 지은 것이 아니었다. 천안과 군산은 직접 지었기에 감회가 새롭다.

다섯 번째가 2014년 코스닥 상장의 순간이다.

여섯 번째는 2019년 12월 10일 무봉장학재단 제1회 장학식 수여식을 치를 때였다. 너무 감격스러워서 엉엉 울었다. 장학금은 2020년 여름방학 때 천안 공장에서 수여할 예정이다. 장학금의 원칙은 당연히 가정형편이 좋지 않은 학생들이다. 까다롭게 심사해서 준다. 어려운 형편의 학생들에게 기회를 주기 위해 인터넷과 전국 학교를 통해 공문 발송을 한다. 후원하는 골프 선수가 국가 대표가 됐을 때도 감격해서 울었다. 남을 돕는다는 건 항상 기분 좋은 일이다. 나는 어릴 때부터 눈물이 많았다. 어느 날은 너무 울어서 아버지가 나를 비료통에 던진 적도 있다고 한다. 그렇게 큰 소리로 울어서 노래에 소질이 있나 보다. 마음이 약하기도 하고, 고생을 많이 하기도 해서 그렇다. 젊은 나이에 돈 벌러 월남에 지원한다는 것이 어디 쉬운 일인가!

일곱 번째는 2020년 나의 칠순 잔치가 될 것이다. 그날은 우리 회

▲쌓아놓은 일기장

사 창립 40주년이자 천안 제2공장 준공식이다. 그뿐 아니라 어릴 적부터 소원하던 트로트 음반 발매와 자서전 발간도 함께 하니 생각만 해도 신이 난다.

 첫째, 1996년 사옥준공
 둘째, 2006년 특허 재판 승소
 셋째, 2002년 천안공장 준공
 넷째, 2010년 군산공장 준공
 다섯째, 2014년 코스닥 상장
 여섯째, 2019년 무봉장학재단 장학금 수여식
 일곱째, 2020년 칠순잔치

2020년 9월 18일 금요일 그날 하루 계획을 이미 다 짜놓았다. 세계 각국에서 1200여 명의 손님을 초대한다. 대학교 건축공학 학생과 교수도 포함된다. 우선 천안공장 인근의 상록 컨트리CC에서 자선 골프 대회를 시작한다. 덕신 관계사, 협력사 임직원들이 참여해 경기를 하고 기부금을 낸다. 나도 천안시 복지재단에 1000만 원을 기부할 예정이다. 이후에는 공장 마당에서 경축 행사를 열 것이다. 트로트 가수 김연자와 박상철을 오래전 섭외해놨다. 그리고 이번에 음반을 낸 나도 두 곡쯤 부르려 한다. 코로나 19로 또 행사가 연기될까 싶어 조마조마한 마음이다.

올해 코로나19로 계속 연기되고 있지만, 9월 18일날 계획하고 있는 40주년 경축행사의 주요내용은

 1. 덕신하우징 40주년 기념식
 2. 음반발표
 3. 자서전 출판회
 4. 천안 제2공장 준공식

5. 아마추어 자선골프대회

6. 칠순잔치

로 치루어질 예정이다.

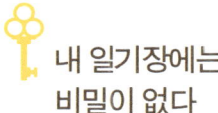
내 일기장에는 비밀이 없다

사람들 대부분 일기는 비밀로 간직하고 싶어 한다.

나는 비밀로 하고 싶은 부분이 하나도 없다. 일기장을 왜 숨겨야 하는가? 잘못한 것도 없는데? 잘못한 일이 있으면 평생을 두고두고 반성할 것이니, 남이 봐도 창피하지 않다. 이번에 책을 준비하며 수십 권의 일기를 다시 꺼내 읽어보는 중이다. 2014년 군산 공장장 부인이 갑자기 운명을 달리해 회사장으로 장례를 치른 일도 다시 읽으니 눈시울이 붉어진다. 장례 일체를 회사 부담으로 치른 것이다. 공장장은 친동생이나 다름없었고, 2014년부터는 나눔경영이 나의 목표이기에 당연한 결정이었다.

2014년에는 순수익이 140억 원이라 전 직원에게 500% 성과금을 지급한 일도 다시 읽어보니 기쁘다. 처음 보너스를 받은 아내도 무척 좋아했다. 그해 불우이웃돕기도 1억 원 정도 했다. 이렇듯 조금씩 기부를 늘려 세계에서 나눔을 가장 잘

▲ 일기장 지면

하는 회사가 되고 싶다.

　사람의 기억력은 완벽하지 않다. 하지만 일기장을 다시 보니 기억과 다른 부분은 없다. 계획을 다소 늦게 이룬 적은 있지만, 다행히 잘못 기억하는 것은 없었다. 일기장에 쓴 계획을 대부분 이루었다.

　마지막으로, 앞으로 5년 안에 공동체 법인을 이루려고 한다. 대부분의 회사가 회장이 가장 많은 주식을 갖고 있으니, 주식을 직원들이 공동으로 갖는 것이 어렵다. 어느 직원이 주식을 많이 가지고 있으면 대주주가 되니 공평하게 갖는 것이 어렵다. 오죽하면 우리나라에서 유한양행 하나만 공동체 법인이다. 유한양행을 보고 공동체 법인에 대한 결심을 한 것이다. 자식에게 무조건 주지 않고 임직원에게 회사를 물려준다는 점에서 유한양행 창업주의 가치관이 나와 같다. 전문 경영인에게 회사를 맡기고, 공동체 경영 체제로 운영하고 싶다는 결심은 신용과 나눔에서 발현되었다. 돈을 벌면 사회에 환원해야 한다는 것이 나의 가치관과 철학이다.

　　60회 생일을 맞다
　아내가 집에 없길래 혼자 아침을 챙겨 먹었다. 찬밥을 데워 먹으려 했는데, 누가 한 밥인지 죽밥이었다. 더운 물을 부어 깍두기와 먹고 일어나면서 둘째 딸 제리에게 설거지를 시키니 바쁘다고 안 한다. 사무실에 와보니 직원들이 꽃바구니를 선물한다. 여수진 대리의 편지 한 통을 읽으며 감회에 젖어본다. 참 고맙다. 금년 CEO 경영을 성공해야 글로벌 기업의 꿈을 실현하고, 철강 사업이 잘될 것으로 기대한다. 첫째는 코스닥 상장이요, 둘째는 철강 법인이요, 셋째는 물류 법인이다. 넷째는 해운사업이 목표다. 더 열심히 하자. 그리고 인생 마지막은 사회에 봉사하자. 모든 재물을 사회에 쓰고 죽자.

- 2010년 3월 15일 일기

환갑 때는 정상 근무했다. 공장에서 직원들이 케이크 사다놓고 생일 파티를 해줘서 즐거웠던 기억이 난다. 작년 생일에도 직원들과 식당에서 점심 먹으면서 파티를 했다. 사무실에 그때 받은 생일 축하 메시지가 아직도 걸려 있다. 올해 2020년 생일에는 아침을 천안공장에 가서 먹을지, 골프장에 가서 먹을지 고민 중이다. 칠순이라 해도 어차피 창립 40주년 파티와 함께할 테니 임직원들이 크게 신경 쓰지 않기를 바라는 마음이다.

일기장에 언급한 덕신철강 법인은 만들어놓았다 폐업했다. 덕신철강 법인이 성공하면 우리 회사 수출 제품을 운송하기 위해 5000톤급 배를 사려고 했는데 계획을 이루지 못했다. 덕신하우징에서 덕신철강을 분리했는데, 손해만 보고 큰 회사를 폐업시킨 것이다. 2012년에 50% 지분을 빼서 덕신철강을 만들었는데, 덕신철강 때문에 상장을 못한다고 해서 폐업하

게 된 것이다. 두 회사가 같은 규모다 보니 덕신철강이 자꾸 적자가 나서 금융감독원에서 상장을 하려면 폐업하라고 권했다. 2011년 법인을 설립하고, 2012년 폐업했으니 허무하다. 덕신상사처럼 덕신철강을 철강 유통 회사로 키우고 싶었다.

철강 원료를 중국에서 실어와야 하기에, 지금은 차로 나르는 육상 물류 사업만 하고 있다. 철강 회사가 망한 뒤 해운 사업도 포기했다. 인재 부족으로 포기한 것이다. 내 손으로 직접 할 수 없는 일인데, 성실한 인재를 찾기가 무척 어려웠다.

아무것도 후회하지 않는다. 후회하면 안 된다. 내가 노름을 해서 집을 날렸다고 한들 후회하면 무엇 할까. 반성하지 않고 후회만 하는 사람은 평생 업그레이드될 수 없다. 반성하면 반드시 정리가 된다. 일기를 쓰고 반성할 뿐 아니라 책을 보고 반성하고, 산을 보고도 반성한다. 후회는 도움이 되지 않으니 할 필요가 없다. 단지 예전에 몇몇 사람 잘못 쓴 것을 후회하는 정도인데, 후회라기보다는 반성에 가깝다.

평소에는 인자하려고 노력하지만, 상황에 따라 무섭게 화를 내기도 한다. 실수해서 피해 입힌 것은 넘어갈 수도 있지만, 이상한 변명을 늘어놓으면 용서하기 어렵다. 신이 아닌 만큼 실수는 할 수 있지만 변명은 절대 안 된다. 잘못을 하면 진심으로 사과해야 한다.

어떤 직원은 시간이 지나도 능률이 오르지 않는다. 그냥 매일 출근하고 퇴근한다. 일을 배울 생각을 해야 하는데, 안타깝기 그지없다. 발전 가능성 없이 변명부터 하는 직원들은 미래가 어둡다. 피해를 입힌 것은 고의가 아니니 그냥 넘어갈 수도 있지만, 변명만 늘어놓는 것은 고의다. 정도가 아닌 일은 용서를 안 하려고 했기에 오해를 받을 수도 있겠다. 하지만 그것이 사회고, 회사다.

우리 가족도 네 식구지만 성격이 제각각 다르다. 그렇게 따지고 보면 회사에 이상한 사람이 없으면 회사가 아니다. 최대한 최고 화합의 노력을 해야 하는데, 경제적으로 어려운 시대가 아니라 젊은 사람들은 잠시도 참기가 어렵다. 나도 사기꾼 직원을 고용해 마음고생을 한 적이 있다. 이상한 사람이라는 보고가 들어오면 일단 고민한다. 그 팀원들이 고생을 많이 하겠지만, 최선을 다해 화합해보고 안 되면 다시 논의하자고 설득한다.

요즈음 뜻하지 않은 사망소식을 많이 접한다. 충격적이다.
유명 인사들인데…
참 깨끗한 분들로 알려져 있는데, 자존심이 강해서 선택한 운명이 아닌가 생각한다. 안타까운 마음이 든다. 사람이 사람답게 살기가 이렇게 힘든가 생각해본다.
올해 7월 20일, 병원에 가거든 그동안 한다한다 말만하고 못한 '사체기증서'에 서명을 꼭 하고 와야겠다.

나도 언제 죽을지 모르니 일기를 통해 몇 가지 정리를 해야겠다.

1. 나의 재산은 모두 무봉재단에 기탁해 달라.
2. 장례는 회사장으로 하고, 화장하여 천안공장 화단에 뿌려달라.
    아니면, 천안공장 정원에 조그마한 동상을 만들어 그 아래 묻어달라.
3. 절대로 부의금 받지 말라

4. 내가 꿈꾸는 깨끗한 죽음은 태평양 한가운데 돌 베고 빠져죽는 것이다.

혹시라도 이같은 일이 생기면 절대로 찾지 말라.

5. 덕신그룹법인은 현재 직원들이 주인이 되어 100년, 1,000년 잘 운영해주기를 갈망하며, 내 사후에도 "정도경영, 나눔봉사활동"은 지속해주길 진심으로 바란다. 기업의 수익이 커지면 커질수록 '꿈나무 지원사업'을 더욱 확대해서 우리나라 어린이들로 하여금 나라를 튼튼히 지키고, 부강한 국가를 만드는 토대가 되도록 하여달라.

6. 마지막으로 우리 가족에게 진심으로 미안하며, 아빠의 도리 및 남편의 도리를 못하고 살다간 부분을 사과한다. 남보다 자상하게, 남보다 여유롭게, 남보다 훌륭하게, 못해준 대가는 죽어 지옥가서 많이 받을테니 너무 서운해 할 필요는 없지 않은가?

사람은 저마다 자기 삶을 짊어지고 사는 것이다.
죽음도 저마다 운명을 다르게 갖고 죽지 않는가?
열심히 살았고, 후회없이 살다 죽어 행복할 뿐이다.

- 2020년 7월 10일 일기

Kim Myunghwan Life Story

제4장

**맨주먹이라도 성공하는데
부족함이 없다는 신념을 가져라**

| 제 4 장 | 맨주먹이라도 성공하는데 부족함이 없다는 신념을 가져라

 인생에서 크게 힘들었던
고비가 두 번 있었다

　1981년 맞선을 보고 두 달 만에 결혼을 약속했다. 달콤한 신혼 생활이 계속될 줄 알았는데, 인생은 그렇게 장밋빛만은 아니었다. 신혼 생활 중 교통사고가 크게 난 것이다.
　덕신상사는 사무실도 번듯한 곳으로 옮겼고, 운전과 배달을 할 수 있는 직원도 충원했다. 독립한 다음 해부터는 서울뿐 아니라 전국으로 활동 영역을 넓혔다. 차량 여러 대가 전국으로 물건을 배달하러 갈 정도로 일이 밀렸다. 나도 사무실을 지키기보다 기사와 함께 지방에 배달을 하러 갔다. 우리 회사 기사들은 하루 운전을 하면 그다음 날은 쉬는 시스템이었다. 피곤하기 때문에 행여 사고가 날까 염려되었기 때문이다. 그런데 그날은 충남에 배달을 가야 하는데, 마땅한 기사가 없어서 전날 강원도로 출장을 다녀온 기사가 다시 가게 되었다. 걱정이 되어 나도 동행했는데, 아니나 다를까 그는 중간쯤부터 졸기 시작했다. 나는 운전면허증이 없었지만, 기사를 대신해 운전을 자처했다. 그러다 교통사고를 내서 경찰까지 출동했다.
　사장이 자리를 비우면 회사가 엉망이 될 것이기에, 걱정이 태산 같았다. 기사는 일단 회사를 수습하라면서 자신이 사고를 냈다고 경찰에 진술했다. 결국 기사가 나를 대신해 유치장에 수감되었다.

일단 일을 정리한 뒤 경찰서로 가려고 했는데, 기사의 가족들이 크게 걱정하는 모습을 보고 곧바로 자수했다. 기사의 무죄가 우선이지, 일은 나중 문제였다. 경찰서로 찾아가 자백한 나는 재판을 받은 뒤 홍성교도소에서 60일을 보내게 되었다. 기사는 풀려날 줄 알았는데, 그 역시 60일간 수감 생활을 했다.

9월 20일 교도소에 들어갔는데, 출산을 앞둔 아내가 만삭의 몸으로 면회를 왔다. 배가 남산만 한 아내를 보니 너무 걱정이 되어 다시는 찾아오지 말라며 돌려보냈다.

다행히 11월 20일 집행유예로 풀려났지만, 내가 없는 두 달 사이 회사의 형편이 좋지 않았다. 내가 갑자기 자리를 비우는 바람에 사업이 흔들려서 날린 돈이 900만 원이었고, 사업이 서툰 아내가 부도를 낸 돈이 900만 원이었다. 1800만 원이나 손해가 났으니 파산신고를 할 수밖에 없었다. 아내는 시집온 지 얼마 되지 않아 내가 총자산 700만 원으로 가게를 운영하는 줄 몰랐다.

창고에 쌓아둔 물건을 다 실어 보내고 파산을 준비하고 있으니, 아내가 슬그머니 친정 오빠에게 빌려온 470만 원을 내놓으며 어음으로 융통하라고 했다. 한 달에 100만 원씩 갚는 조건이었다. 이러한 주위의 응원으로 보름 만에 재기할 수 있었다. 나와 같이 수감 생활을 한 기사에게는 최대한 보상해주었다.

▲ 구로구 신도림동으로 이전 개업한 덕신상사 앞에서 딸과 함께

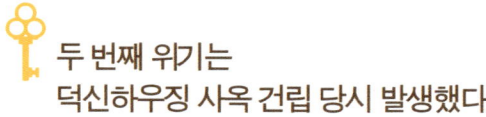
두 번째 위기는
덕신하우징 사옥 건립 당시 발생했다

　IMF 외환 위기 때인 1996년, 사옥을 준공하게 됐다.

　부동산과 논의할 때만 해도 준공 후 전 층 임대가 가능할 것으로 예상했다. 우리 회사는 공장 위주로 사업을 진행했기에 사옥의 한 층만 사용하려고 했던 것이다. 하지만 경제 위기라 다른 층 입주가 원활하지 않아 상황이 힘들어졌다.

　엎친 데 덮친 격으로 1998년, 창립 이래 최대 위기를 맞게 되었다. 새로 뽑은 영업부장이 사기를 친 것이다. 그에게 7억 2000만 원을 사기당하고 건축비까지 묶였으니 어쩔 수 없이 은행에 도움을 청할 수밖에 없었다. 알고 보니 회사 직원들 사이에서도 그의 정체에 대한 의심의 눈초리가 있었지만, 딱히 증거가 없어 쉬쉬하는 분위기였다. 사실 나도 그 영업부장이 사기꾼 기질이 농후하다는 것을 처음부터 느끼고 있었다. 면접 때부터 여러 대의 고급 승용차를 연이어 몰고 나타나는 그가 미심쩍었다. 하지만 믿음으로 그를 지도해 좋은 사람으로 만들 수 있을 것이라고 기대했다. 결국 사기당하며 그를 좋은 사람으로 만드는 데는 실패했지만, 아직도 사람에 대한 근본적 믿음은 버리지 않고 있다.

　더군다나 경제 위기 여파로 관계사의 협력사인 자동차 부품 회사가 40억 원을 부도 맞는 등 총 100억 원의 부도가 났다. 부도를 막아야 회사가 회생할 수 있기에 은행으로 달려갔지만, 도와줄 수 없다는 대답을 들었다.

　나는 다음 해의 부도 계획을 짰다. 사업파트너 홍일산업 박헌홍 사장(2018년 10월 14일 작고)에게 의견을 들으니 내가 독립시킨 전 직원들의 회사에 먼저 부도를 내게 한 뒤 모기업 덕신도 부도를 낼 수밖에 없다고 하면 어떻겠느냐는 아이디어가 나왔다. 독립시킨 직원들에게도 기꺼이 해주겠다는 고마운 답변을 들었다. 제 돈으로 차린 후배들도 있는데, 나를 위해 부도를 내려고 했다. 복잡하고 번거로운 과정도 마다하지 않는 그들의 의리에 감동했다. 계획적 부도는 위험하진 않지만, 어려운 일임이 분명하기 때문이다.

다들 일단 자금을 챙겨야 다시 사업을 할 수 있다고 조언했다. 이렇게 부도를 내기로 결심한 후 지푸라기라도 잡는 심정으로 중소기업진흥공단을 찾아갔다.

담당자에게 덕신상사를 열 때부터 지금에 이르기까지 모든 이야기를 솔직히 털어놓았다. 그러자 담당자는 부도를 내지 않아도 사업을 회생할 수 있다는 답변을 주었다. 창업 정신으로 다시 돌아가면 못할 것이 없다는 담당자의 이야기에 가슴을 쓸어내렸다. 그리하여 회사는 중소기업진흥공단과 덕신상사 출신 사업자들의 응원으로 부도 위기를 넘길 수 있었다. 지금도 그때만 생각하면 가슴이 덜컹 내려앉는 절체절명의 위기였다. 모두의 도움으로 위기를 극복하고 덕신은 여전히 건재하니 고마운 일이다. 어린 시절부터 열심히 살아온 보람을 느낀 순간이다. 하늘은 역시 스스로 돕는 자를 돕는다.

▲ 1996년 11월 서울 사옥 준공

 ## 사옥 건립의 필요성

사옥을 건립해야겠다고 결심한 것은 어느 신입사원의 면접을 치른 뒤였다.

그때만 해도 사옥 없이 공장 사무실에서 일하고 있었기에 다방에서 신입사원의 면접을 치렀다. 시끄러운 공장 대신 조용한 장소에서 면접을 보려고 한 것이다. 그런데 무역을 전공한 한 젊은이가 다방에서 면접을 보는 것에 대해 부정적 의견을 피력했다. 얼굴이 화끈거렸다. 그 젊은이는 정주영 회장이 신입사원들과 어울리는 것에 어떻게 생각하느냐고 묻기도 했다.

"대표님, 다방에서 면접을 보는 이유가 무엇인가요?"

"우리 회사는 공장을 중심으로 운영하고 있어 사무실이 시끄러워서 다방에서 면접을 보게 되었습니다. 사무실 건물은 아직 필요하지 않아 준비하지 않은 것뿐입니다."

"정주영 회장님이 동해 바닷가에서 신입사원들과 씨름했다는 것을 아십니까? 대표님도 그렇게 열정적으로 신입사원들과 어울리며 경영하실 수 있습니까?"

"정주영 회장만큼 체력이 좋지 않을 수는 있지만, 정신력은 못지않다고 생각합니다."

질문 공세를 퍼부은 당돌한 젊은이는 우리 회사에 공채로 입사했고, 나는 앞으로 인재 등용을 위해서라도 사옥이 필요하다는 것을 절감했다.

그 신입사원이 입사한 날 술을 많이 마셨다. 원래 술, 담배를 하지 않는데 그날은 술을 마시고 싶었다. 아마 내 인생에서 술을 가장 많이 마신 날일 것이다. 지금은 우리 회사에서 근무하고 있지 않지만, 참 개성 있는 젊은이였다. 그 다부진 근성으로 사회 생활을 했다면 아마 지금쯤 어딘가에서 크게 성공했을 것이다.

나는 결코 자존심을 우선으로 치는 사람은 아니지만, 가끔 자존심 때문에 발끈할 때가 있다. 지금도 골프나 등산을 함께하는 친구들에게 뒤처지기 싫어 열심히 운동하고 있다. 친구들에게 짐이 되거나 약한 모습을 보이기 싫다. 낚시라면 승부에서 질 수도 있겠지만, 낚시는 자주 하지 않는다. 회사 체육대회도 예전에는 직접 참가했기에 미리부터 건강한 컨디션을 준비했다. 임직원들 앞에서 힘없는 모습을 보이고 싶지 않기 때문이다.

▲ 1996년 11월 서울 사옥준공

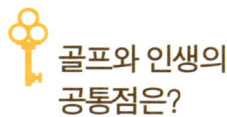
골프와 인생의 공통점은?

　대표이사를 선임하고 업무를 많이 축소했지만, 하루 일과는 예전과 비슷하다.
　아침 5시에 일어나 러닝머신 위에서 달리거나 가벼운 운동을 한다. 식사를 하고 7시 30분에 출근한다. 내가 일찍 나온다고 해서 직원들에게 빨리 출근하라고 강요하지는 않는다. 직원들은 8시 30분에 출근한다. 오전에 보고를 받고 늦기 전에 퇴근한다. 주 5일 출근하고, 주말에는 골프를 친다. 골프는 평일에도 종종 치는데, 대개 일주일에 세 번 정도 필드에 나간다. 실전에서 영업을 하는 상황이면 매번 골프 파트너를 계속 바꾸게 된다. 하지만 나는 이제 회원제 골프장에서 늘 함께 치는 골프 친구들이 있다.
　과거 폐결핵과 영양실조 판정을 받고 건강의 소중함을 깨달은 후 아침마다 냉수로 목욕하고 러닝머신 위에서 열심히 뛴다. 요즘은 회사 경영을 위해 건강관리에 신경 쓰고 있다. 나 자신만을 위한 것이 아니다. 오늘 아침에도 찬물 샤워를 했다. 예로부터 감기에 안 걸리려면 겨울에도 찬물 샤워를 하는 것이 좋다고 했다. 그래서 집에 냉탕, 온탕을 만들어놨다. 1년 내내 찬물 샤워를 즐긴다.
　2002년 IMF 외환 위기가 끝나고 골프를 시작했으니 구력은 18년 정도 됐다. 82타, 핸디12의 실력이다. 골프장에서는 신용이라기보다는 매너가 필요하다고 표현해야 옳다. 필드에서의 매너를 통해 그 사람의 인격이 드러난다. 성격이 얼마나 급한지, 공 치는 실력을 보면 인성을 파악할 수 있다. 기복이 있거나 퍼팅이 흔들리는 것을 보면 정신력과 배짱도 파악할 수 있다. 프로 골퍼의 실력도 사실 정신력의 차이다. 모든 장단점이 필드에 함께 있는 5시간 동안 드러난다.

예를 들어, 골프 백을 카트 뒤에 네 개 싣는데 골프채를 빼기 쉬우니 항상 가장자리에 자신의 백을 싣는 사람이 있다. 나는 그 모습이 보기 싫어서 골프장 비회원에게 가장자리를 양보한다. 골프에서 배려가 없는 사람이라면, 일상에서도 함께하기 어렵다. 인생도, 골프도 오르막과 내리막이 있는 만큼 서로 배려하는 것이 좋다.

매너가 좋지 않은 사람을 만났다고 실망할 필요도 없다. 그 사람의 성품을 기억해두면 된다. 매너가 좋지 않은 사람과 함께 사업도 할 수 있다. 세상엔 이런 사람 저런 사람 다양한데, 피한다고 해서 능사는 아니기 때문이다. 설령 그 사람의 인품이 이상해도 겉으로는 피해 다닐 필요 없다. 조심하면서 계속 사업 관계를 유지하는 것도 가능하다. 결국 자신이 인간관계를 적당히 소화해야 한다.

마음대로 되지 않는 것이 바로 골프의 묘미다. 오기가 생기기도 한다. 골프에 비하면 사업은 차라리 마음먹은 대로 된다고 해도 과언이 아니다. 계획이 늦어질 수는 있지만 사업은 계획한 대로 되는 반면, 골프는 그렇지 못하다. 그래서 날마다 골프를 쳐도 재미가 있다. 승부욕이 강해 이기고 싶어 온몸이 근질거린다. 사업과 골프의 공통점은 바로 이 같은 근성이다.

사업에도 골프가 필요하다. 접대 노하우를 잘 아는 사람들은 골프를 활용한다. 술 마시고 밥 먹는 것은 사양해도 골프는 거절하지 않는 사람이 많다. 그래서 골프가 자연스럽게 사업과 연결되는 것이다. 접대를 목적으로 하는 경우 상대가 기분 나쁠 정도로 플레이하면 안 된다. 일부러 져주기도 하고, 잘못 날아간 공은 함께 찾아주어야 한다. 친구랑 치는 골프는 즐기는 것이고, 골프 접대는 일이다. 일이라도 나름대로 재미있다. 함께 골프 치면서 파트너와 소통하는 것이다. 그런 날은 잘 치려고 하기보다 눈치껏 하는 것이 좋다. 내가 너무 잘 치면 상대방이 기분 좋을 리 없다. 일부러 살살 치고 내가 져줘야 속이 편하다. 상대방의 자존심을 건드리면 안 된다.

사업할 때 상대 문화를 알아야 적극적으로 움직일 수 있다. 외교도 마찬가지다.

상대가 무슨 생각을 하는지 알아야 대처할 수 있다. 그 사람의 문화를 파악하려면 같이 밥을 먹고, 운동을 하든지 노래라도 해야 한다. 책상 앞에 마주 앉아 있기만 하면 제대로 파악하기 어렵다. 그럴 때 골프라면 어렵지 않게 약속을 잡을 수 있다. 사업과 연관된 만남이 아니라는 핑계도 통한다. 골프를 치면서 서로의 문화를 검토할 수 있다. 골프장에서 5시간, 밥 먹으면서 2시간, 최소 7시간 동안 대화하며 비즈니스를 할 수 있다. 좋아하는 골프를 해가면서 말이다. 골프 치고 술 마시면 10시간 넘게 그 사람과 있으면서 앞으로 계획도 수립할 수 있다.

만약 싫으면 상대가 처음부터 아예 밥도 같이 먹지 않을 것이다. 골프장에서는 서로 마음을 터놓고 이야기할 수 있다. 골프 약속은 일단 먼 미래까지는 생각하지 않고 잡게 된다. 사업하기 좋은 스포츠임이 분명하다. 트럼프 미국 대통령이 각국의 정상과 골프장에 자주 가는 것도 바람직한 일이라고 생각한다.

골프장에서 100% 골프만 치고 다음에 만나 자연스럽게 사업을 논의하는 것도 훌륭한 전략이다.

나는 술을 한 잔도 안 마시지만, 상대는 골프도 치고 술도 한잔하니

즐거워한다. 분위기를 깨지 않기 위해 술 마시는 척, 좋아하는 척할 때도 있다. 하지만 한 잔만 마셔도 얼굴이 빨개져 자주 즐기지는 않는다.

심혈관이 좋지 않아 가끔 가슴이 아프다. 무더운 어느 날, 골프를 치다 힘들어 쓰러진 적도 있다. 한더위에 호흡을 잘못하면 힘들기 때문에 동남아시아 골프는 주의하고 있다. 기억에 남는 골프 게임은 2007년 엘리시안 컨트리클럽에서 처음 싱글을 친 날이다. 상장사 모임 포럼에서 만난 사업가들과 함께 갔는데, 기분이 무척 좋았다. 2002년 2월 9일에는 서서울컨트리클럽에서 홀인원을 한 적도 있다.

직원과의 대화
1 상대방이 말하기 싫어하는 것은 언급하지 않는다.
2 상대방의 결점을 들추지 않는다.
3 무턱대고 상대방 의견을 반대해서는 안 된다.
4 거친 어투로 말하지 않는다.
5 설교하는 어투로 훈계하지 않는다.
6 똑같은 말을 여러 번 하지 않는다.
위의 여섯 가지는 직원을 관리하는 데 필요하므로 대화, 회의할 때 항상 반영할 수 있도록 노력한다.

- 1996년 메모장 중에서

오늘 성과금 5600만 원을 받았다. 사업 후 최대 흑자로 120억 원을 신고하며 그동안 잘못된 것을 털어내느라 20억 원 정도 들어간 것을 환산하면 145억 원을 번 셈이다.

그래서 적게는 250%, 많게는 550%의 성과금을 지급했다. 결혼 후 생전 처음 집에 보너스를 주니 아내가 좋아서 깡총깡총 뛰었다. 그런 아내를 보니 받은 사람보다 준 사람이 더 좋고 행복하다. 이래서 내가 사업가가 된 것이 아닌가 생각한다. 불우이웃돕기도 금년에 1억 원 정도 한다. 신월 SOS 어린이마을에 500만 원, 천안 신아원, 군산 어린이 시설에 각각 500만 원씩 보냈다. 그리고 구정에 들어오는 선물 일체를 전달할 것이다. 나머지는 골프협회에 4000만 원, 열악한 환경의 초등학교에 2000만 원을 기부하려고 한다.

대기업도 아닌 회사에서 이렇게 이웃을 배려하고 행복한 동반 성장을 지향하는 것을 모범으로 보이고 싶다. 특히 금년은 세계에서 제일 돈 빨리 주는 회사, 갑은 을에게 물 한 모금 얻어먹을 수 없다는 클린경영을 펼치고자 한다.

- 2014년 1월 24일 일기

Kim Myunghwan Life Story

제 5 장

배운 아이템으로
돈을 벌어라

| 제5장 | 배운 아이템으로 돈을 벌어라

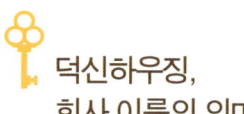
덕신하우징, 회사 이름의 의미

우리 회사 이름은 덕신(德信)하우징이다. 신용은 나의 좌우명이니 신 자를 썼고, 크게 번창하고 싶어 큰 덕을 썼다. 동신상사에서 독립하면서 큰 고민 없이 금세 이름을 지었다.

초기 덕신상사 로고는 작은형이 만들었는데, 덕신을 상징하는 두 개의 디귿자(ㄷ)를 다이아몬드 마름모 형태로 배치했다. 마름모는 소위, 중위, 대위 계급의 다이아몬드 표식에서 아이디어를 얻었다. 디귿자는 흰색으로 했는데, 깨끗함을 의미한다.

지금의 덕신 로고는 광고 회사 LG애드에 정식 의뢰해 만든 것이다. 로고의 의미부터 함께 논의했다. 새로운 로고는 덕신철강에서 처음 쓰기 시작했는데, 빨강과 회색이 메인 색조다. 정열적인 빨간색 타원형 동그라미는 원만함을 의미한다. 윗부분은 하늘 높이 뻗어 올라가는 구조로 마무리했으며, 멀리서 보면 대문이 있는 작은 집 같다. 아랫부분의 작은 회색 타원형은 덕신을 받치는 지렛대다. 덕신의 디귿자에서 영감을 얻었다. 이렇게 무너지지 않게 지지대를 놓고 싶었다. 빨간 집의 그림자 같기도 하다.

시대가 바뀌면서 기존 로고가 세련되지 못하다는 의견이 있어서 새로운 로고를 기획했고, 흡족하다. 우리 공장 경비도 빨간 좀퍼를 입는데, 참 보기 좋다. 촌스럽다는 이도 있지만, 특이하면 촌스러워 보이게 마련이다.

덕신그룹 사가도 새로 만들었다. 이번에 내 음반 발매를 진두지휘한 김지환 작곡가(한국음악저작권협회 부회장)에게 작곡을 의뢰했다. 1996년에 만든 사가는 내가 직접 작사했고, 트로트 가수 강민이 작곡했다. 2020년의 사가는 글로벌 기업으로 뻗어나가고 싶은 의지를 강조했는데, 조금 더 손볼 예정이다. 이번 창립 40주년 행사 때부터 직원들과 같이 부르고 싶다. 새로운 노래가 직원들의 마음에도 들기를 바란다.

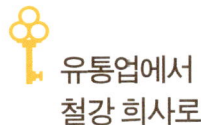

유통업에서 철강 회사로

건축자재를 판매하며 제조업, 특히 철강에 관심을 갖게 되었다.

그래서 10년간의 덕신상사 경영 이후 덕신철강으로 업종을 변경했다. 물론 갑자기 결정한 것은 아니다. 일기장에 기록하며 차근차근 준비해 10년 만에 업종을 변경한 것이다. 마음가짐과 각오, 자금 조달 계획을 철저히 세웠다. 언제 무슨 일이 생길지 모르는데 1·2·3안 이상을 준비하지 않고 사업체를 운영하면 안 된다. 특히 자금을 빌려 사업하는 사람이 1안만 세웠을 때, 그 계획이 흔들리면 속수무책이 된다. 그래서 정리정돈을 잘해야 하고 계획이 필요한 것이다. 한 사람만 믿고 자금 조달을 계획하면 안 되고, 대안을 세워놓아야 한다. 회사 직원을 뽑는데도 인재를 여러 명 가운데 선발하는 것처럼, 모든 일에는 여러 대안이 필요하다. 특히 친인척의 돈은 쓰지 않는 것이 좋다. 친인척의 돈은 신용이 없는 못난 사람이나 쓰는 것이다. 내가 잘못되면 친인척도 다 거지가 되기 때문이다. 은행 돈이나 대기업 돈을 빌려야지, 살림살이 빠듯한 사람들에게 피해를 주면 안 된다. 덕신철강은 덕신상사의 신용을 바탕으로 은행 돈을 조달했다.

오래전부터 돈을 많이 벌려면 백화점 같은 유통업이나 제조업을 해야 한다고 생각했다. 사업은 소매에서 도매, 도매에서 제조, 제조에서 무역으로 발전해나가야 한다. 만약 사업 아이템이 '커피'라 해도 이런 발전 단계는 동일하다. 일기장에는 돈을 벌려면 죽어도 장사를 해야 한다고, 도매를 한다고 써놓은 글이 아직도 남아 있다. 소매는 돈도 많이 들고 이익이 적기 때문이다. 덕신상사로 도매업을 시작해 기반을 잡았으니, 이제 제조 공장을 운영해 돈을 더 많이 벌어 사회에 환원하기로 결심했다.

그중 철강을 택한 이유는 불량품을 만들기 싫어서였다. 초기에 PVC 제조 공장을 운영해보니 날림 제작도, 경쟁자도 많았다. 불량 PVC를 대충 만들어 파는 것이 당시 사회 분위기였다. PVC를 원칙대로 만들면 비싸서 팔리지 않는 악순환이 이어졌다. 어쩔 수 없이 우리도 다른 회사처럼 허술하게 만들어 판매했다가 전국 PVC 제조 회사들과 함께 불량 제품으로 신고당했다. 이때 영등포지검에서 벌금을 내면서 다시는 불량품을 만들지 않겠다고 굳게 결심했다.

철은 연합철강, 포항제철, 일신제강 등 대기업에서 다루기 때문에 불량품이 없었다. 그래서 우리는 접는 철판을 가공하는 것으로 사업을 시작했다. 일본, 유럽의 데크플레이트와 마찬가지로 날림으로 가공하지 않고 제대로 만들었다. 품질 좋은 국산 데크플레이트가 없던 시기라 외국 제품처럼 제대로 만들려고 했다.

데크플레이트를 만들겠다는 것은 건축 현장에서 거푸집을 보고 떠올린 아이디어였다.

과거에는 콘크리트 바닥을 조성하기 위해 나무로 거푸집을 만들었다. 목공 작업을 통해 나무판으로 일일이 거푸집을 짜서 그 위에 철근 배근을 한 뒤 콘크리트를 부었다. 콘크리트 무게를 견디기 위한 동발이(童發伊, 짧은 기둥)도 세워놓아야 했다.

이제는 철 강판에 철근을 붙인 데크플레이트가 있으니 이런 작업들

이 한 번에 가능하다. 나무 합판을 대체해 철선을 아예 삽입했으니 공사 기간이 단축되고 안정성이 높아졌다. 인건비도 절약할 수 있다. 주문이 들어오는 대로 맞춤 제작한 데크를 깔아놓고 콘크리트만 부으면 되니 편리할 수밖에 없다. 기존 합판 거푸집 공법을 사용해 건물을 지을 때보다 공사 기간은 약 40%, 공사비는 30%가량 줄일 수 있어 획기적이다.

1990년, 드디어 덕신철강이 문을 열게 되었다. 그런데 사업을 하다 보니 '철강'이라는 상호가 지나치게 흔하게 쓰인다는 것을 알게 됐다. 그리고 '철강'은 제조보다 유통하는 사람들이 사용하는 상호다. 제조 공장이 '철강'이라는 상호를 쓰는 경우는 극히 드물다. 이창민 대표에게 덕신상사를 넘겼기에 더 이상 유통회사로 오해받기 싫었고, 제조 개념을 넣고 싶어 2006년 덕신하우징으로 회사 이름을 바꾸었다.

스피드데크, 에코데크
그리고 인슈데크, GC보데크, 도브데크

데크플레이트는 강판과 철근을 일체화해 거푸집과 인장재 역할을 동시에 하는 신개념 건축자재다. 1세대 데크는 올록볼록한 나무판 데크플레이트였고, 그다음에는 철근을 세우기 위해 다른 장치와 결합한 이노데크가 탄생했다. 3세대 하우징데크가 현재와 비슷한 모양새다. 우리나라 데크플레이트는 일본에서 처음 유입되었다.

유럽은 아직 데크플레이트의 효용을 잘 모르며, 여전히 1·2세대 데크를 사용하고 있다. 베트남에도 아직 알려지지 않았는데, 2015년 베트남 하이퐁에 우리가 법인 공장을 지음으로써 알려지게 되었다. 데크플레이트는 맞춤 제작이기에 부피가 커서 수출할 때 물류비가 많이 나오고 금액도 저렴한 편은 아니다. 수출 규제나 인증 때문에 수출도 쉽지 않다. 유럽은 예전 건물을 리모델링해 같이 쓰기에 데크 수요가 적은 반면, 아시아나 중동은 여전히 큰 건물을 많이 짓고 있어 좋은 기회다. 아파트는 평수대로 도양이 달라서 맞춤 제작 단가가 올라간다. 그래서 대형 상가, 공장, 물류센터, 사무실 빌딩 등에 주로 시공하고 있다.

덕신하우징은 후발 주자지만 금세 데크플레이트 국내 시장점유율 1위로 뛰어올랐다. 체계적 원가 관리 및 환리스크 관리, 대규모 프로젝트 공사 수주의 노력으로 2017년부터 대규모 흑자로 전환했다. 2001년 90억 매출 목표를 기원하는 신년사를 했는데, 2019년에는 매출 1490억 원을 기록하면서 성장을 이어가고 있다.

2위 기업과는 매출액 200억~300억 원 차이가 난다. 품질의 차이겠다.

우리는 초기 1·2세대 데크인 폼데크, 이노데크를 유통하다 2002년부터 3세대 일체형 데크인 하우징데크를 생산했다. 2004년에는 스피드데크를 출시해 업계 1위로 껑충 뛰어올랐다. 스피드데크는 여전히 우리 회사 매출의 70%를 차지한다. 2013년 생산한 에코데크가 나머지 30%를 차지하는데, 앞으로는 주력 상품이 될 것으로 전망한다.

현재 우리 회사 대표 제품은 스피드데크, 에코데크, 인슈데크 등 세 가지이다.

스피드데크는 대표적 일체형 데크플레이트로, 기존 일체형 데크가 용접점 노출로 부식했던 하자를 보완한 제품이다.

에코데크는 기존 일체형 데크플레이트의 하부 강판을 분리할 수 있는 탈형 데크와 탈형 스페이서 특허 기술로 주목받고 있다. 공사 기간과 비용 절감은 물론 강판을 탈형해 재활용할 수 있어 이름값을 톡톡히 한다. 국내는 물론 일본, 중국, 베트남 등에서도 특허를 획득한 덕신하우징만의 발명품이다.

인슈데크는 단열재를 별도로 부착할 필요 없는 단열재 일체형 데크플레이트다.

데크플레이트는 우리나라가 세계에서 기술력이 가장 뛰어나다. 그래서 열심히 새로운 데크를 개발 중이다. 바닥과 천장 집중에서 벗어나 기둥 데크도 개발할 예정이다. 정부의 개발 보조를 받아 연구하려고 신청을 준비하고 있다. 기둥 데크는 다른 나라에도 없는 특별한 제품이다. 기둥 데크를 계획하게 된 이유는 높은 인건비 때문이다. 요즘 젊은 이들은 힘든 일을 하지 않으려 하고, 주 52시간 근무제도가 시행되면서 이제는 공사현장의 거의 모든 것이 기계화 되고 사전 제작식으로 바뀌고 있다. 요즘은 목수와 미장 인력이 부족해 아예 미장된 벽을 붙이는 것으로 변화하고 있다. 바닥 공사를 하면서 기둥을 유심히 보니 기둥도 공장에서 만들어 조립하면 되겠구나 싶어 떠올린 아이디어다.

**경쟁은
성공의 어머니다**

영업사원으로 일하면서 터득한 중요한 가치 중 하나가 경쟁이다. 지금 사회는 경쟁주의의 폐해 때문에 이를 논하는 것 자체를 터부시하지만, 효과는 부인할 수 없는 사실이다.

내가 체험한 경쟁은 성공의 어머니다. 경쟁은 동력과 자극을 불러일으키는 연료다. 학창 시절 나보다 공부 잘하는 친구에게 자존심 상해 더 열심히 공부하고, 사회에서는 경쟁사와 선의의 경쟁을 벌이며 앞지르려 노력한다. 삼성과 LG가 수십 년간 국내 가전업계의 라이벌로 품질 경쟁을 하며 콧대 높은 미국 시장을 휩쓸고 있는 현상을 보라. 그 두 회사가 경쟁하지 않았다면 가능했을까? 두 회사의 경쟁력은 우리 국민의 자부심이기도 하다. 피겨스케이트 선수 김연아와 아사다 마오도 마찬가지다. 넘버원이 되기 위해 경쟁자보다 더 많이 연구하고 노력해야 하는 만큼 경쟁을 성공의 비법이라고 하는 것이다.

우리 회사도 경쟁사가 있다. 제일테크노스가 업계 2위라 항상 경쟁자일 수밖에 없다. 윈스틸, 다스코도 마찬가지다. 지금은 아니지만, 초기에는 제일테크노스 대표와 골프를 치기도 했다.

덕신하우징은 국내 데크 규모 넘버원이자 세계 데크 규모 넘버원이다. 2021년에는 우리나라 데크 시장이 1조 원 규모로 성장할 것으로 예상한다. 하지만 따지고 보면 세계 건축 시장에서 데크가 차지하는 비중이 그리 크지 않다. 만약 집 한 채를 짓는 데 1억 원이 든다면 데크가 300만 원 수준일 정도다. 넓은 면적인 경우에만 데크를 사용하니 전체 건축비의 비중이 작다. 이렇듯 데크가 차지하는 비중이 작기 때문에 대기업은 뛰어들지 않는 것이다. 이것이 바로 해외시장 개척이 필요한 이유다.

하지만 해외는 우리나라 기업보다 진취성이 부족해 새로운 기술에 큰 관심이 없는 편이다. 일본도 요즘 기술 개발의 비중을 줄이는 추세이며, 전통 중심의 보수적 기법을 중시한다. 하지만 인건비가 오르고 사람들이 힘든 일을 안 하려고 하니 앞으로 첨단 기술을 갖춘 데크플레이트가 더욱 필요할 것이다. 우리나라 데크 시장은 연 3% 성장하고 있다. 아직 세계시장에 미치는 힘은 미약하지만, 신기술을 앞세워 해외 진출을 시도하려 한다.

우리 회사는 앞으로도 100% 데크 전문 기업으로 발전해나갈 것이다. 새로운 데크 개발 아이디어가 무궁무진한 만큼 걱정할 것이 없다. 층간소음까지 잡는 데크를 개발하면 대박이 날 테니, 우리 연구팀에 거는 기대가 크다.

오페라 가수가 박수를 받기 위해서는 자기만의 목소리를 내야 한다. 남의 목소리를 흉내 내는 성악가는 좋은 결과를 얻을 수 없다. 목표를 정하고 집중하는 바로 그 순간이 성공이다. 우리가 동종업체와 경쟁해 1위 기업이 되고 싶다는 것은 피 흘려가며 싸운다는 의미가 아니다. 덕신만의 장점을 개발해 안팎으로 좋은 영향을 미치는 기업이 되고 싶은 것이다.

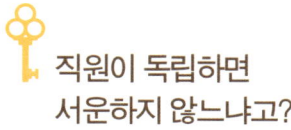
직원이 독립하면 서운하지 않느냐고?

예전에는 동종업체끼리 PVC상조회를 운영하며 친목을 다졌다.

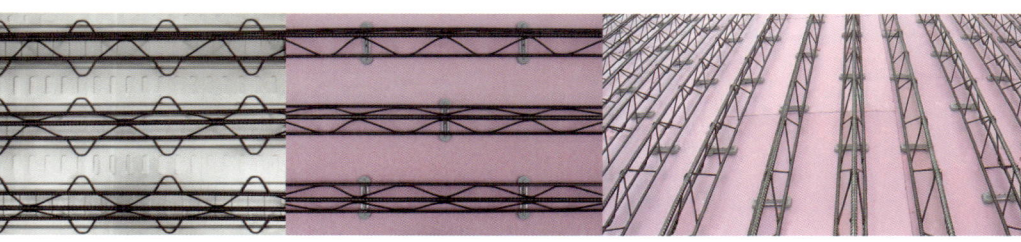

업계 사람들끼리 도여 단합 대회를 한답시고 여름에는 물놀이를 갔고, 겨울에는 망년회를 했다. 직원들이 우리 회사에서 하나둘 독립하고 있다는 소문이 난 상태에서 송추계곡으로 야유회를 가기로 했다. 야유회 경비를 모으기 위해 거래처에 연락을 했다가 A회사 이 사장과 언쟁이 붙었다. 내가 독립시킨 이창민 대표가 덕신상사를 차린 밭산동이 마침 이사장과 같은 강서권이었던 것이다. 이 사장은 왜 독립 자금을 줘가면서 경쟁자를 배출하느냐고 내게 따져 물었다. 나보다 일곱 살 많은 이 사장은 서울대학교를 졸업했고, 딸은 미국 하버드 대학교에 입학한다고 소문난 복 많은 양반이었다.

"아니 왜 자꾸 직원들을 독립시켜 업계를 경쟁적으로 만드시나요?"

"재능 있고 근성 있는 직원은 어차피 못 붙잡게 마련입니다. 내가 키워서 독립시킨 사람은 돈독하게 서로 침범하지 않고 각자의 영리를 추구하고 있습니다."

직원을 경쟁자로 보면 못난 사람이다. 나는 가능하다면 자식뿐 아니라 직원도 하버드 대학교에 보내고 싶은 마음이다. 자식만 탄탄하게 독립시키는 것이 아니라 능력과 재능이 있다면 직원도 얼마든지 독립시키고 싶다. 나는 여전히 임직원들의 독립과 성공이 서운하지 않다. 독립해서 성공한 직원들이 명절 때마다 와서 세배를 하면 감동해서 눈물이 난다. 우리는 서로 예의를 지키고 정정당당하게, 밥그릇 싸움을 하지 않는다. 내가 임직원을 가족으로 보기에 이런 전통을 이어갈 수 있다고 생각한다.

골프 모임이 유행한 1990년대 이후 PVC상조, 철강상조는 없어졌다. 동종업체와 서로 경조사에 참석하고, 스키도 타고, 물놀이도 했는데 지나고 보니 특별히 좋은 기억이 없어서 쓸쓸하다. 서로의 아이디어는 철저희 숨겼고, 모두 겉과 속이 달랐다. 직원들과 체육대회하며 덕신이 1위를 여러 번 했던 것이 추억이라면 추억이다.

월급쟁이 마인드

1. 월급쟁이는 일하면서 손해 봤다고 생각하지만 투자자는 투자했다고 생각한다.
월급쟁이는 어떻게 해서든 일한 만큼 받겠다는 생각에 정해진 구조, 정해진 만큼만 해서 정해진 월급을 받는다.
2. 월급쟁이는 근무와 퇴근이라는 이분법에 살지만, 투자자는 다르다.
월급쟁이는 근무 시간에 노동하고, 퇴근 후에는 휴식을 취한다. 투자자는 정해진 시간 없이 자신의 선택에 책임을 진다. 회사 때문에 손해도 보고 부도 누리고 새로운 룰을 만든다.
월급쟁이는 생존을 보장하는 회사에 속하지만, 투자자는 스스로 미래를 준비하지 않으면 안 된다.

- 2005년 10월 1일 일기

음악은 나의 행복

두 번째 인생
작사 김명환, 사마천 | 작곡 김명환, 김지환

산다는 것은 배려하는 것이다.
산다는 것은 사랑하는 것이다.
산다는 것은 일하는 것이다.

일을해서 좋고 사랑해서 좋고 사는게 참-좋구나
지금부터 난 새로산다
앞만보고 달려 온 인생사
산전수전 겪으며 여기왔네
비바람이 몰아-치던 후회없는 세월길
잘했-다- 정말 수고- 많았다
두번째 인생 드라마 속 내인생
바로 내가 주인공-인거야
일을해서 좋고 사랑해서 좋고 사는게 참-좋구나
지금부터 난 새로 산다

앞만보고 달려 온 인생사
산전수전 겪으며 여기왔네
비바람이 몰아-치던 후회없는 세월길
잘했-다- 정말 수고- 많았다-
두번째 인생 드라마 속 내인생
바로 내가 주인공-인거야
배려해서 좋고 사랑해서 좋고 사는게 참-좋구나
지금부터 난 새로 산다
배려해서 좋고 사랑해서 좋고 사는게 참-좋구나
지금부터 난 새로 산다

어린 시절부터 꿈꿔온 트로트 음반을 발매했다. 농사일을 하면서도 콧노래를 부르며 마음 한쪽에 노래를 부르고 싶다는 마음을 품어왔는데 70세를 맞아 그 꿈을 이루게 되어 가슴 벅차다.

'두 번째 인생', '밥은 먹고 다니냐' 등 두 곡을 발표했다. 70세부터 다시 한 번 열심히 배려하고 살아보겠다는 의미를 담고 있는 노래들이다. 개인적으로 더 성공하고 싶다는 소망이 아니라, 나누고 봉사하면서 살겠다는 뜻이다. 좋은 일을 많이 하면서 살고 싶다. 지금까지보다 앞으로 더 열심히 봉사할 것이다.

이 두 곡은 CD에 담아 발매했고, 음원 사이트에도 차트 1위로 달리고 있다. 가수협회에도 가입하고 방송국 음악프로그램에도 출연하면서 본격적으로 트로트 가수 활동을 하고 있다. 기업 회장이 가수를 한다고 하니 다들 놀라고 재미있어한다.

가수 데뷔를 위해 만난 김지환 작곡가와 이수진 트레이너와 함께 계속 음악 공부를 하고 있다. 김지환 작곡자는 한국음악저작권협회 부회장으로, 가수 박상민의 '하나의 사랑', 드라마 〈질투〉 주제곡을 만들었다.

노래도 매일 연습을 하니까 점점 실력이 좋아지고 있다. 회사에서도 종종 노래 연습을 하는데, 직원들이 곡이 흥겹다고 했다. 반면에 우리 가족은 노래를 좋아하는 편은 아니다. 아내가 노래를 잘 못한다고 부끄러워해서 아직 한 번도 노랫소리를 못 들어봤다. 함께 노래방에 간 적도 없다. 그래서 출퇴근하면서도 차에서 노래를 틀어놓고 신나게 연습 중이다. 자동차에 오디오 시설이 잘 갖춰져 있다. 매일 같은 노래만 불러도 재미있고, 엔도르핀이 샘솟는다.

이 같은 재미와 엔도르핀이 올라가는 일은 혼자만 즐기면 안된다.

그래서 사무실 한쪽에 녹음실, 연습실을 갖추고, 가수 지망생들에게 자유롭게 이용하게 하여 공간을 나누는 작은 봉사를 실천하고 있다.

사무실에 마련된 녹음실은 사물동호회와 밴드동호회가 주로 운영하며, 매주 1회씩 자기취미를 즐기고 있다. 사물동호회와 밴드동호회는 10인조로 구성되어 앞으로 노래봉사 공연을 함께 다닐 것이다. 동서양 음악으로 만들어지는 라이브공연은 상상만해도 흥이 난다.

어릴 적부터 노래를 좋아했다. 초등학생 때는 담임이 음악 선생이라 노래를 개인 지도해주었다. 반에서 노래 잘하는 몇 사람을 뽑아 가르쳤다. 동요를 연습해 군 대항·도 대항 노래 대회에 나가려고 했는데, 결국 나가지는 못했다.

군대에서 근무할 때는 군악대 공연이 있을 때마다 나도 무대에서 노래하고 싶다고 사회자에게 넌지시 제안했다. 소부대에서 그룹을 만들어 장기자랑에 출전하기도 했다. 노래할 기회가 있을 때마다, 지인 회갑연에서도 마이크를 잡았다. 진행자에게 나도 노래 한 곡 하자고 요청하곤 했다.

젊은 시절부터 하춘화의 노래를 좋아했고, 즐겨 불렀다. 하춘화가 아마 나와 동갑일 것이다. 노래방에서의 18번은 나훈아의 '고향역'과 박재홍의 '울고 넘는 박달재'다. 트로트 외에는 사물놀이를 좋아한다. 오죽하면 회사에 사물놀이패를 채용했을 정도다. 그들 다섯 명은 덕신하우징 마크가 그려진 옷을 입고 우리 회사에 행사가 있을 때마다 공연을 해주고 있다.

인연을 맺은 지는 8년 정도 됐고, 소속감을 위해 월급을 지급하고 있다. 지금은 월급이 많지 않지만, 초기에는 월급도 넉넉히 주고 전용 트어버스도 마련해주었다. 베트남에서 전시회를 할 때도 우리 사물놀이패의 공연은 폭발적 반응을 얻었다. 다들 흥이 나서 소리 지르고 좋아했다. 외국인들의 엉덩이도 들썩들썩, 어깨춤이 절로 나는 것을 보니 더욱 신이 났다. 나도 가끔은 사물놀이패에 끼어 북을 친다. 옆에서 자연스럽게 배웠다.

밥은 먹고 다니냐
작사 작곡 김명환, 이성환

사는게 그렇지 거기서 거기다
잘났어도 못났어도
밥은 먹고 살아야지
야~ 사람들아 요지경 세상에
야~ 너나 나나 다르게 있더냐
달려라 달려 달려보자
이세상 끝까지~
먹고 살기 힘들어도 사랑만 있다면~
달려라 달려 달려보자
인생은 마라톤
따라와라 세월아 기다려 줄테니~

사는게 그렇지 거기서 거기다.
잘났어도 못났어도
밥은 먹고 살아야지
야~ 사람들아 요지경 세상에
야~ 너나 나나 다르게 있더냐
달려라 달려 달려보자
이세상 끝까지~

먹고 살기 힘들어도 사랑만 있다면~

달려라 달려 달려보자
인생은 마라톤 따르와라 세월아 기다려 줄테니~
따라와라 세월아ᄀ 다려 줄테니~기다려 줄테니~

이번 앨범에는 신곡 두 곡, 기존 노래 두 곡 총 네 곡이 실려 있다. 타이틀곡은 '두 번째 인생'이고 두 번째 노래가 '밥은 먹고 다니냐'다. 이 노래의 원저목이 '인성은 마라톤'이었는데 다들 '밥은 먹고 다니냐'가 더 좋다고 해서 제목을 바꿨다. '밥은 먹고 다니냐'는 주로 어른들이 손아래 사람들에게 건네는 염려의 말이다. 밥은 먹고 사느냐고, 밥은 먹고 왔느냐고 물어보는 따뜻한 관심을 담은 노래라서 매력적이다. 한국인들이 자주 하는 안부 인사이기도 하다.

두 곡 모두 작사, 작곡에 내가 직접 참여해서 뿌듯하다. 아무래도 어린 시절부터 일기를 써온 것이 영향을 미쳤을 것이다. 내 노래를 발표해야겠다는 결심을 일기장에 쓸 정도로 노래를 좋아했다. 신바람 나는 노래 경영을 추구해왔다. 콧노래 부르며 근무하면 일이 더 잘된다. 음악을 은은하게 틀어놓으면 즐겁게 일할 수 있고, 스트레스도 풀린다.

원래 내가 가장 좋아하는 가수 송대관의 노래 '인생은 생방송'의 가사로 다시 새로운 노래를 만들려고 했는데, 곡 붙이기가 어려워 포기하고 완전히 새롭게 가사를 썼다. 사무실에 '인생은 생방송' 가사 액자가 걸려 있을 정도로 좋아하는 노래다.

노래 연습을 하면서 힘든 점은 반 박자 빠르게, 반 박자 느리게 부르기이다. 트로트 곡이라 엇박자로 노래해야 멋스러운데, 쉽지가 않다. 반 박자 늦게 들어갔다, 빨리 들어갔다, 자연스럽게 믹스해야 더 실력

있어 보인다. 더군다나 노래가 크게 히트 쳐서 수익금을 좋은 일에 쓸 수 있다면 더 이상 바랄 게 없을 것이다. 저작권, 행사 등 노래로 생긴 수익금은 내가 이사장으로 있는 무봉 장학재단에 자동으로 계좌 입금 되는 방식으로 기부하게 된다.

이왕 앨범을 낸 이상 신인 트로트 가수가 설 수 있는 전국의 크고 작은 행사의 문을 다 두드려보려고 한다. 이 같은 계획에 맞추어 TV, 라디오 등 방송일정을 소화하느라 요즘은 하루가 어떻게 지나가는지 모를 정도로 바쁘다. 경인방송 '황순유의 해피타임'을 시작으로 MBC '라디오 가든', '놀라운 3시', 교통방송 '차차차', SBS '전국탑10가요쇼', '베스트가요쇼' 아이넷TV '가요가 좋다' 등 다수 프로그램에서 노래와 인터뷰를 진행했고 채널A 특집 '행복한 아침'에 출연해서 나눔에 대한 나의 평소 철학과 노래를 소개했다. 금년 한 해도 다수의 방송 섭외가 요청된 상태이며 앞으로 우리나라 꿈나무를 초대해서 개인콘서트도 개최하고, 4~5년 안에 독립유공자 후손 1,000여 명과 북한 어린이를 초청해서 평양에서 통일음악회를 개최하고 은퇴할 생각이다. 어린이들이 통일조국의 주역들이기에 각별히 어린이들을 위한 장으로 하고자 한다.

▲ 음반발매를 위해 노래 녹음을 하고 있다

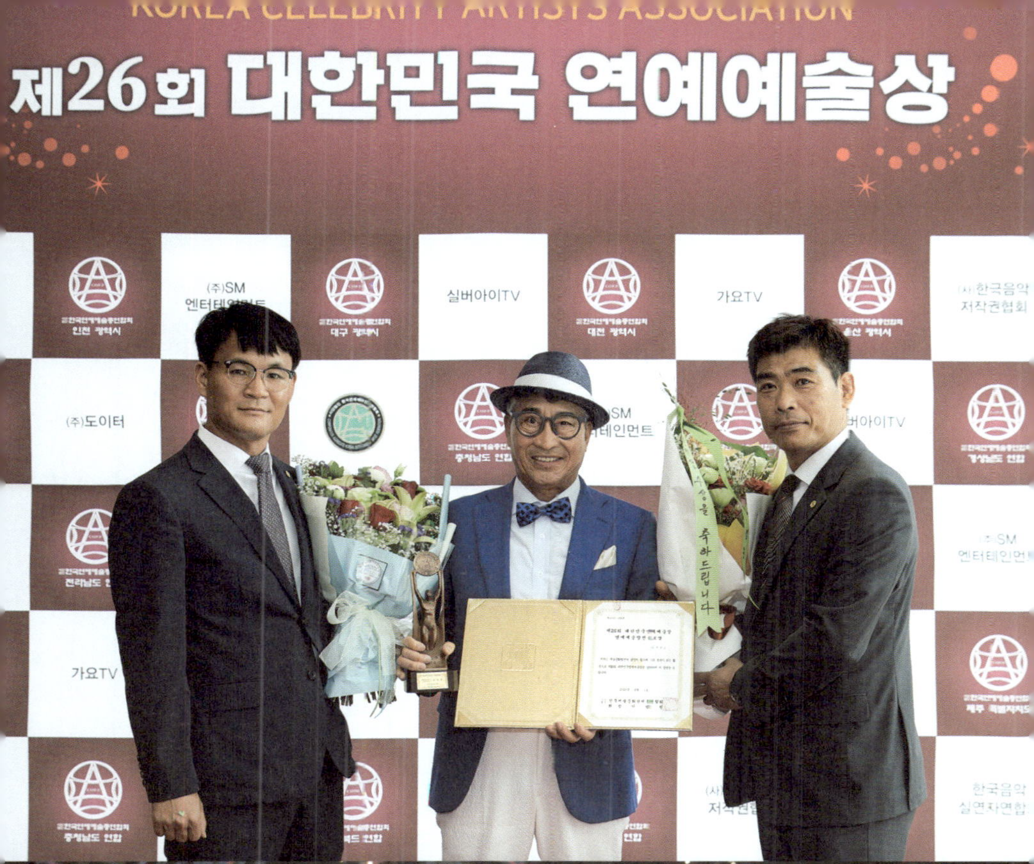
제26회 대한민국 연예예술상
(주)SM
엔터테인먼트
실버아이TV
가요TV
(사)한국음악
저작권협회
(주)도이터
한국음악
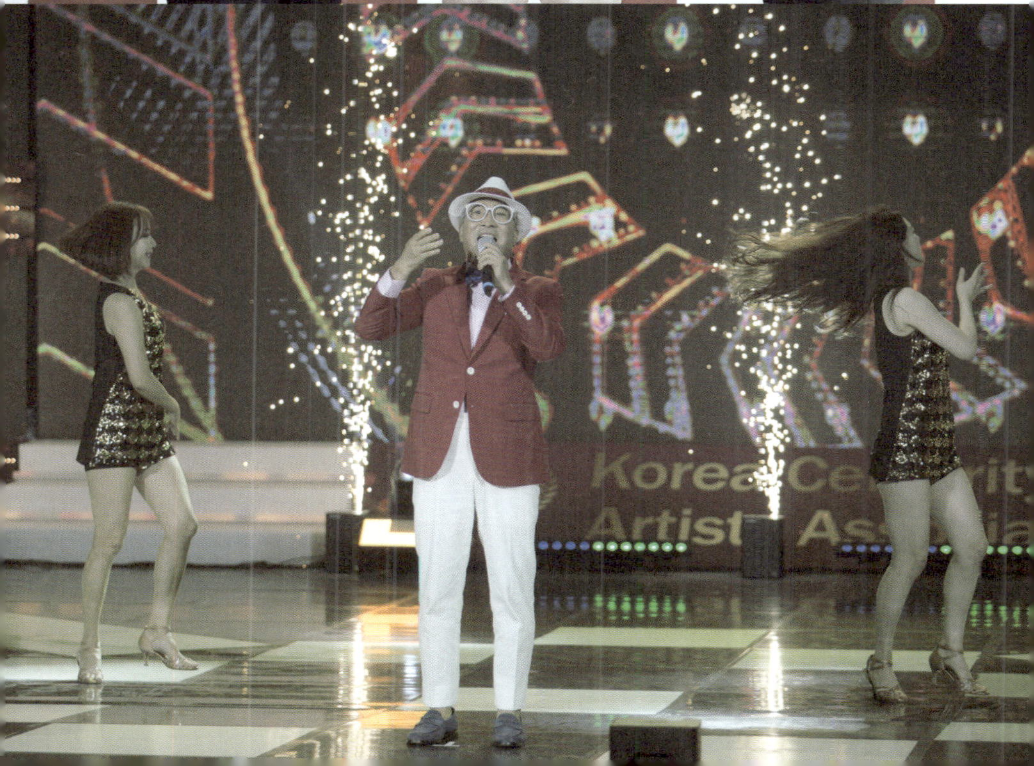

내 노래는 신나는 리듬과 멜로디로 이루어져 있으며, 노랫말도 긍정적이라서 각종 행사에서 분위기를 띄우는데 제격이다. 코로나19로 가라앉은 사회에 에너지를 불어넣어주고 싶다.

가수 데뷔는 열심히 달려온 내 인생에게 주는 선물이다. 그간 가난을 극복하기 위해 한평생 치열하게 일 해왔지만, 진정 내가 펼치고 싶은 꿈이 남아있는 느낌이 있었다. 그것이 노래였다. 뛰어난 가창력도 아니고 나이도 적지 않지만, 남에게 어떻게 보이는지 보다는 후회 없이 살았다는 마음을 갖기 위해 용기를 내었다. 도전이 주는 그 신선한 에너지를 다시 얻고자 했다. 이런 내 모습이 어느 누군가에게 희망이 되었으면 좋겠다.

이제 나의 제2의 인생은 가수다. 이왕이면 명가수가 되어 공연 수입 일체를 불우이웃 돕기에 기부하면서 남은 열정을 쏟아 부을 것이다.

노래의 좋은 점 10

1. 20~30년 젊어진다.
2. 날마다 웃으며 생활한다.
3. 인기가 높아진다.
4. 봉사가 즐거워진다.
5. 건강해진다.
6. 겸손해진다.
7. 멋을 낼 줄 알게 된다.
8. 나를 PR하고, 주변을 PR하고, 나라를 PR한다.
9. 나라를 밝게 만들어 간다.

10. 세상을 밝게 만든다.

- 2020년 6월 1일 일기

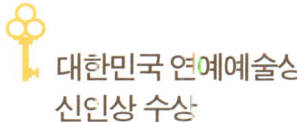
대한민국 연예예술상 신인상 수상

한국연예예술인총연합회가 주관하는 제26회 대한민국 연예예술상에서 신인상과 연예예술발전공로상을 받았다. "다른 가수들은 돈을 벌기 위해 활동하지만, 나는 돈을 쓰기 위해 활동하는 가수다."라고 수상 소감을 말했다. 가수 활동으로 얻은 수익금 전액을 소외계층 어린이와 청소년에게 기부하기로 한 자신과의 약속을 지킬 수 있기에, 노래하는 것이 더 보람있다. 최근 트로트에 대한 관심이 높아지는 데다 '70세 신인가수'라는 것이 신기했는지 방송 인터뷰가 자주 있다. 가수로써 행복한 삶을 누리고 있다

얼마 전 〈윤경화의 가요 중심〉 녹화를 하며 노래는 기분이 가라앉으면 잘 할 수 없다는 걸 깨닫게 됐다. 작곡가 김지환씨, 트레이너 이수진, 매니저 정의한 등 나를 응원하고 도와주는 이들이 있

▲ 6.18 신인상 수상기념사진 플랜카드

어 감사하다.

  세상의 시니어들이 나를 통해 일흔이 되어도 도전하면 이룰 수 있다는 것을 느끼고 새로운 일에 도전했으면 좋겠다. 내 노래를 통해 사회가 더 건강해지고 밝아지면 좋겠다.

Kim Myungkwan Life Story

제 6 장

고객은
평생의 손님이다

| 제6장 | 고객은 평생의 손님이다

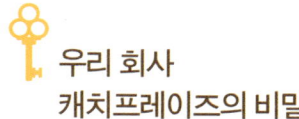
우리 회사
캐치프레이즈의 비밀

"까다로운 고객이 명품을 만든다."

우리 회사 곳곳에 명시된 캐치프레이즈다. 회사 재킷에도 크게 쓰여 있다. 고객으로 인해 회사가 지속될 수 있으니, 고객의 의견이 중요하다는 것을 임직원에게 강조하는 말이다.

이 캐치프레이즈는 큰딸 유리가 우리 회사 재무회계 담당으로 근무하면서 생긴 일화에서 비롯되었다. 회사는 대개 거래 통장을 10개 이상 가지고 있다. 유리가 인출 도장을 가지고 통장을 관리했는데, 어느 날 A은행 통장에서 1원이 빈다는 것을 발견했다. 한참 동안 면밀히 살펴보았으나 이유를 찾지 못하고 퇴근했다. 다음 날 유리는 은행에 가서 1원의 행방을 따져 물었다. 출퇴근하면서 집과 가까워 거래를 하게 된 A은행인데, 1원 때문에 은행원과 말다툼이 오갔다.

"고객님, 겨우 1원 때문에 이렇게 화를 내십니까?"

"아니, 1원은 돈이 아닙니까?"

1원도 엄연한 돈이다. 큰딸은 화가 나서 본사에까지 따졌다. 은행 본사에 정식 보고가 들어가 은행장도 이 소동을 알게 됐다. 알고 보니 통장 주인도 모르게 큰돈에 묻혀 1원이 왔다갔다 했던 것이다. 결국 담당 직원은 징계를 받았다. 안됐지만 원칙대로 처리했고, 딸은 은행에서 표창장까지 받았다. 그래도 나는 담당 은행원의 고초가 안쓰러운 생각이 들어 딸에게 다시 본점으로 편지를 보내 징계를 가혹하게 하지 말 것을 부탁하라고 했다. 딸은 나를 닮아서 원칙을 고수하는 편이다. 학교에서 경영학을 공부했지만, 진짜 공부는 아마 우리 회사에서 실무를 담당하며 착실하게 했을 것이다.

당시 딸이 받은 표창장에는 "귀하와 같은 까다로운 고객 때문에 우리 은행이 더 발전할 수 있습니다. 감사합니다"라고 쓰여 있었다. 문구를 읽은 나는 숨은 뜻에 감탄해 무릎을 쳤다. 2004년, 이를 바탕으로 슬로건을 만드니 임직원들의 걱정이 태산이었다.

"회장님, '까다로운 고객이 명품을 만든다'는 슬로건을 보고 고객이 더 까다로워질까 봐 걱정입니다."

"트집을 잡힐 만하니 잡히는 것이네. 자고로 트집은 동종업계가 잡는지 고객이 잡는지 여부가 중요한 것일세. 고객이 항의하면 겸손한 마음으로 항상 잘 살펴봐야 한다네."

특히 까다로운 고객에게 물건을 못 팔면 영업사원이 아니다. 까다로운 사람을 친구로 만들어야 진정한 영업사원이라고 할 수 있다. 따지고 보면 역대 성공한 사람들은 다 까다로웠다. 신격호 회장도, 정주영 회장도, 이병철 회장도, 모든 전직 대통령도 대단히 까다로웠다. 까다로운 것은 좋은 것이다. 나도 그들 못지않게 까다롭다.

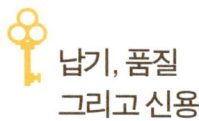 납기, 품질
그리고 신용

해외 파트너와 거래할 때는 신용뿐 아니라 납기와 품질에 대한 믿음이 필요하다.

덕신하우징 대표 상품인 스피드데크와 에코데크는 크기가 커서 수출하기가 쉽지 않다. 에코데크 밑부분은 기존과 같은 강판이고, 위는 철근 역할을 한다. 여기에 콘크리트를 부어 빌딩을 한 층씩 세우는 원리인데, 크기가 커서 그간 수출이 어려웠다. 배에 한꺼번에 많이 적재하지 못하는 아쉬움이 있었다. 하지만 해외 현지 전시회를 하면서 관심을 받았고, 전시회를 4~5년 꾸준히 하니 바이어들이 운반비를 감수하더라도 수입하기로 결정했다.

성공적 해외 수출을 위해서는 바이어와 약속한 납기일을 철저히 지켜야 한다.

동남아시아는 배송하는 데만 3주일이 걸린다. 사우디아라비아, 폴란드, 미국은 최소 60일은 잡아야 한다. 배의 이동 경로에서 언제 무슨 일이 생길지 모르니 모든 사정을 고려해 일정을 정확히 계산해야 한다.

물론 품질도 중요하다. 데크플레이트는 각국 건축사마다 맞춤 설계로 생산한다. 콘크리트 양에 따른 하중을 고려해야 하기에 철사 굵기 등을 미리 정해 생산하는 100% 맞춤형이다. 잘못 계산해 데크가 내려앉으면 건물이 무너질 수 있기에 생산 단계에서부터 정확한 품질 생산을 엄수한다. 건설 현장의 신용은 공사를 제시간에 맞춰주고 양질의 제품을 제공한다는 것을 의미한다. 앞마당에 내 집을 짓는 개인적인 일이 아니기에 건설 회사는 무엇보다 시간을 제때 맞춰줘야 한다. 건설 문화에서는 그것이 곧 신용이다. 돈 빌리고 도 돌려주는 신용과는 다르다.

60일 후 배가 현지 항구에 도착하면, 직접 가서 물건을 검수해 통관한다. 그리고 다시 고속도로를 달려 건설 현장에 콘크리트를 칠 수 있도록 데크를 설치하는 것까지 마무리해야 우리 회사의 약속이 끝난다. 그래서 덕신하우징은 건설 면허도 갖추고 있다. 생산과 시공까지 정확하게 해야 역할이 끝나는 것이다.

과정은 다소 복잡하지만, 면장이 나가면 바로 돈이 들어온다는 장점이 있다. 공장에서 출그해 인천항에서 선착하면, 그 나라로 배가 출발하기 전에 돈이 입금된다. 그래서 수출을 많이 해야 나라가 먹고 산다고 하는 것이다. 수출보다 수입이 많으면 나라 경제가 위태로울 수밖에 없다.

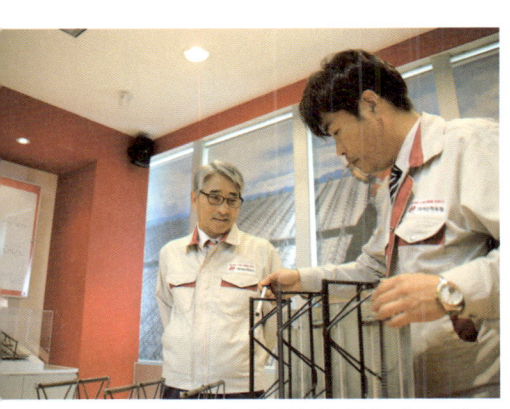
▲ 김용회 대표이사와 데크를 살펴보고 있다

2005년 아프리카 앙골라를 시작으로 해외 진출이 활발해졌다. 앙글라의 랜드마크인 앙골라 컨벤션 센터를 우리나라 기업 남강토건이 지으면서 우리 데크 제품을 납품하게 된 것이다. 우리 회사 슈퍼바이저를 현지어 파견했는데, 당시 앙골라는 내전이 한창이었다. 수시로 총성이 울리는 위험한 상황이라 안전을 위협받을 수도 있었다. 그 상황을 수시로 보고받으며 마음이 조마조마하고 걱정되었다. 그렇게 혹독하게 첫 번째 해외 수출 신고식을 치렀고, 다행히 성공적으로 공사를 마칠 수 있었다.

베트남 법인을 설립하다

2014년 코스닥에 상장한 뒤 본격적으로 글로벌 기업을 꿈꾸었다.

해외 공장 법인 설립이나 인수 합병은 힘들다. 더군다나 잘 알지 못하는 회사를 인수해 흑자를 낸다는 건 쉬운 일이 아니다. 만일 돈이 많은 회사라면 작은 회사를 인수해 처음부터 천천히 노력하면 되겠지만, 사실상 자기 자본 10% 정도로 인수하는 회사가 대부분이다. 자기 자본 30%만 있어도 괜찮을 텐데, 쉽지 않은 결정이다. 그래서 해외 법인 설립에 더욱 관심을 갖게 됐다.

2015년 베트남 법인과 공장을 설립하기까지 7년 정도 걸렸다. 본격적인 오픈 준비에만 5년이 소요됐다. 베트남 법인명은 덕신비나다.

처음에는 베트남 법인을 베트남 국영기업과 합작하는 형태로 출범하려고 했다. 하지만 우리나라는 보통 합작할 때 투자금이 51% 이상만 되어도 경영권을 가질 수 있는 데 반해, 베트남은 70% 이상이어야 했다. 따라서 베트남 국영기업 30%, 덕신비나 70%의 투자 비율로 추진을 했다. 베트남 기업 측은 소유한 땅으로 30%를 대체하겠다고 했지만, 곰곰이 따져보니 그렇게 되면 우리가 진두지휘할 수 없겠다는 생각이 들었다. 매번 중요한 결정 사안에서 끌려다닐 게 분명했다. 고심 끝에 우리가 나머지 30%까지 모두 투자하기로 결단을 내렸다. 위험 부담을 안더라도 독립적으로 운영할 수 있는 환경을 구축하는 것이 장기적으로 볼 때 유리하다고 판단했다. 덕분에 지금 우리가 적극적으로 회사를 운영할 수 있게 됐고, 덕신비나는 덕신하우징의 자회사로서 브랜드를 활

▲ 2015년 6월 베트남 덕신비나 준공   ▲ 2015년 베트남 덕신비나(DUCKSHIN VINA)

용할 수 있게 됐다. 만약 합작을 했다면 덕신의 기술력을 100% 활용하지 못했을 것이다.

베트남은 2025년까지 연평균 5% 이상의 성장이 예상되는 신흥 건설시장이다. 우리가 동남아시아 시장 진출에 공들이는 거점이다. 100억 원가량 투자해 베트남 하이퐁시에 생산 공장을 설립했고, 폼데크와 스피드데크를 생산하며 지속적 마케팅 활동을 펼치고 있다. 지금까지 데크플레이트 업체의 해외 진출은 국내 대형 건설사와의 동반 진출 형태였지만, 우리는 동종업계에서는 이례적으로 직접 무역 수출팀을 신설하고 현지 영업 인력을 충원했다. 2014년부터 지난해까지 6년 연속 베트남 건축·건설 국제전시회에 참가하며 현지 기업과 접촉해 수출 활로를 확대하고 있다. 현재 베트남 현지 건설업체를 비롯해 국내 기업의 현지 공장에 데크플레이트를 납품하고 있다. 일본 종합상사를 통한 현지 건설사로의 납품 등 다양한 형태의 수주계약을 이루어 내고 있는 상태다.

베트남은 1년에 한 번 방문하고 있으며, 덕신비나 대표이사가 연 2

회 본사에 온다. 공장장의 보고를 자주 받고 영상회의도 주간마다 하고 있으니 멀리 있다는 기분은 들지 않는다. 덕신비나 준공식 때 임원들과 골프를 쳤는데, 해저드에 들어갔다 나온 재미있는 기억이 난다.

2018년 3월에는 베트남경제사절단에 선정돼 문재인 대통령의 국빈 방문에 동행했다.

베트남에 법인 공장이 있고, 건실한 중견 기업으로 인정받아 자격이 주어진 것이다. 한-베 비즈니스 포럼과 아세안 일자리 협약식 등 문재인 대통령의 주요 경제 관련 일정에 동행하는 영예를 안았다. 베트남의 신남방 정책과 양국의 경제 협력 방안, 비즈니스 환경에 대한 양국 정부의 지원 정책을 청취하고 이를 베트남 수출 사업에 활용할 생각에 마음이 설레기도 했다. 경제사절단을 통해 강화된 기업 신뢰도를 바탕으로, 데크플레이트가 아직 생소한 베트남 및 동남아시아 시장에서 입지를 넓혀나갈 계획이다.

마음에 걸리는 것은, 문재인 대통령이 일부러 친밀한 경호를 요청한 탓에 참석자들의 기념사진 촬영 요구가 밀려들어 걱정이 됐다는 점이다. 경호원들이 곳곳에 있으니 그럴 일은 없겠지만, 그래도 행여 대통령이 다칠까 봐 마음을 졸였다. 3박 4일의 일정 마지막 날에는 일행들과 작별 인사를 나누고 덕신비나를 방문했다. 공장을 둘러보고 현지 직원들을 격려한 뜻깊은 시간이었다.

데크는 부피가 커서 운송이 쉽지 않고 운송비도 많이 들기 때문에 수출하기 어려울 거라고 손가락질하는 이도 있었다. 하지만 결국 베트남, 말레이시아, 싱가포르, 사우디아라비아, 필리핀, 호주, 앙골라, 일본, 아랍에미리트 등 12개국과 무역 협약을 체결하는 데 성공했다. 그중 가장 거래가 활발한 베트남 현지에 공장을 지어 물류 비용도 절약하고, 베트남과 관계를 든든히 할 수 있어 기쁘다. 초기에는 베트남에서 활동하는 우리나라 회사를 상대로 영업했으나 점차 현지 회사에 알려지고 있다. 오는 2025년에는 회사를 더욱 국제적으로 키울 수 있을 것으로 전망한다.

▲ 2018년 베트남경제사절단계 참여, 문재인 대통령과 함께 간담회에 참석하는 모습

▲ 2018년 베트남경제사절단 단체 사진(1열 왼쪽 세번째)

무역 전쟁의 시작

　1990년대 초만 해도 데크플레이트는 일본에서 국내로 기술이 도입된 제품이었다. 우리는 매년 매출액의 5%, 순이익의 30%를 연구 개발에 투자했으며, 지속적인 투자를 통해 스피드데크, 에코데크 등 혁신적 제품을 개발하는 데 성공했다. 국제 특허를 따내면서 이제는 우리가 일본뿐 아니라 세계로 데크플레이트를 수출하고 있다.

　다음 해외 법인 설립 예정지는 태국, 필리핀, 사우디아라비아로 압축 중이다. 진작부터 파트너 회사들의 요청이 많았는데, 기술 지원으로 우리가 30% 투자할 예정이다.

　중국 듀웨이가 최근 베트남 전시에서 우리 제품을 보고 연락을 해왔다. 듀웨이는 중국 베이징의 대형 건설자재 업체로, 지난해 덕신하우징이 전시회를 열고 있을 때 찾아와 에코데크를 중국에서 판매하고 싶다고 제의했다. 에코데크 특허권을 구입하고 싶다고 했기에 이와 관련한 논의가 진행 중이다. 현재 중국에는 스피드데크 같은 일체형 제품은 있어도, 탈형 가능한 에코데크 제품은 없다. 만약 계약이 성공적으로 성사되면 덕신하우징 제품이 최초로 중국에 진출하는 것이다.

　듀웨이 측에서 이번 창립 40주년 기념행사와 천안공장 준공식에 오고 싶다고 했는데, 아직 계약 완료 전이라 정중히 사양했다. 노하우가 새어 나갈지도 모르니 공장을 미리 보여줄 필요는 없다. 이는 어느 공장이나 마찬가지다. 계약 체결 후 오너끼리 만나야지 미리 임직원을 만날 필요도 없다. 조만간 덕신의 기술을 빌려주고 자본 투자 없이 15%의 특허 로열티를 받게 될 것으로 기대한다. 로열티는 향후 10년간 10억 원을 예상한다.

2003년 데크 사업을 알리기 위해 처음 중국으로 시장조사를 하러 갔었다. 그간 함께 사업하자는 중국 회사는 있었지만, 진실성이 보이지 않아 성사되지 못했다. 올 상반기에 듀웨이와 공장 건립을 계약하면 금년 하반기에 공장을 완성할 것 같다. 그 후 본격적으로 중국에서 특허 분쟁을 해서 승소에 나설 예정이며, 듀웨이가 우리 회사와 손잡고 경쟁사를 따돌릴 수 있을 것으로 전망한다.

앞으로 3차 세계대전이 일어날 것이다. 총칼로 싸우는 것이 아닌 무역 전쟁이다. 아니, 무역 전쟁은 이미 시작되었다. 그간에도 빠른 변화가 있었지만, 앞으로 10여 년 뒤에는 더 많이 달라질 것이다.

미국과 중국, 우리나라와 일본의 날 선 마찰도 무역 전쟁에 해당한다. 다행히 우리 회사는 아직 피해가 없지만, 미래를 준비해야 한다. 일본은 신제품을 개발하는 대신 우리에게 에코데크를 사가고 있다. 언제라도 무역 보복을 당하지 않으려면 양국이 서로 주고받아야 한다. 일본에 좋은 제품을 팔고, 일본에서 필요한 제품을 들여와야 한다. 물건을 못 산다면 현지인을 고용하면 되고, 우리 물건을 선진국에서 못 산다면 우리 청년을 고용하면 된다. 한쪽만 일방적인 거래를 하면 안 된다. 그것이 외교다. 외교가 가장 힘들다. 외교 정세에 한 나라의 경제가 좌지우지된다.

우리 회사그룹은 외국인도 모두 정규 직원이다. 이제 덕신하우징은 중견 기업이라 외국인 고용이 어려워서 관계사에서만 외국인을 고용하고 있다. 주로 동남아시아에서 취업 비자를 받아 2년 만기로 오는데, 대부분 1년 연장해서 3년 만기로 일한다. 그리고 나서도 또다시 우리 회사로 일하러 오는 외국인이 많다. 한국에 있는 외국인 직원, 해외에 있는 현지인 직원 모두 한국인 직원과 대우가 동등하다. 과거 우리나라가 어려울 때 해외에서 인종차별과 인신공격을 얼마나 많이 받았는가! 독일로 일하러 간 광부와 간호사들의 슬픈 사연을 듣고 나는 절대 그러지 말아야겠다고 결심했다. 그래서 외국인 직원도 똑같이 대우하고 있다.

인종·학력·성차별은 절대 있어서는 안 된다. 여성 직원이 진급할 때 차별받는 것도 지양한다. 그럼에도 열심히 일하지 않는 직원을 보면 마음이 좋지 않다. 덕신인의 자세 중 "오너는 개업정신, 직원은 입사정신으로 일하자"라는 말이 있다. 그런 마음가짐이라면 누구라도 반드시 좋은 결과를 얻을 것이다.

공장마다 주야간 교대를 하는데, 외국인 직원은 특유의 냄새가 있다는 이야기도 듣는다고 한다. 외국인 직원들은 직원 숙소에서 거주하는데, 타국에서 외로우니 담배를 많이 피워서 그럴 것이다. 우리는 외국인이든 내국인이든 모든 직원이 인종 차별 없이 공동 운명체로 함께 상주한다. 그래서 나는 공장에 가면 외국인 직원들과 함께 목욕도 하고 밥도 먹는다. 허그도, 뽀뽀도 한다. 아무래도 직원 입장에서 회장이랑 목욕탕에 가면 불편할 수도 있지만, 내가 먼저 목욕탕에 같이 가자고 청한다.

가장 기억에 남는 외국인 직원은 태국에서 온 수기 안도다.

2006년 우리 회사에서 전 직원이 태국 여행을 갔는데, 외국 근로자들도 가족을 데리고 갔다. 우리 일행은 방콕에 머물렀는데, 태국 외곽에 사는 부모가 방콕에 올 여비가 없다고 해서 우리가 초대했다. 하룻밤 함께 지낸 뒤 일주일간 휴가를 주었고, 그 친구도 나도 뿌듯했다. 그런데 얼마 후 이 친구가 공장에서 사고를 당해 운명을 달리했다. 참으

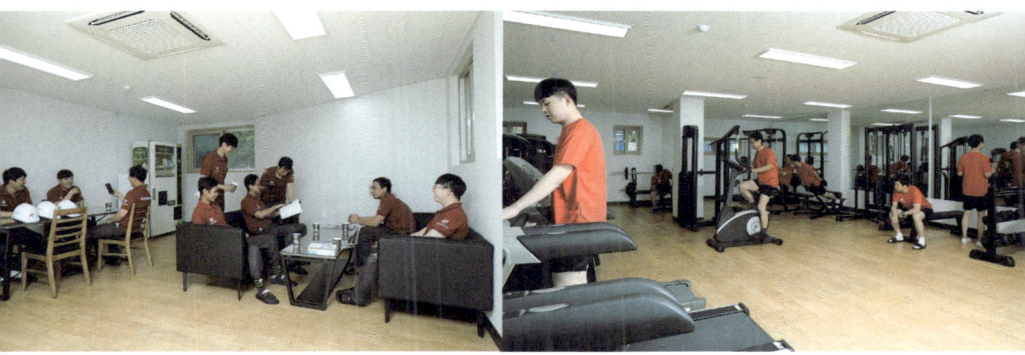

▲ 천안공장 직원휴게실　　　　　　　　　▲ 천안공장 체력단련실

로 마음이 아팠다. 수기 안도의 형제도 우리 공장에서 같이 근무했기에 법률적으로는 잘 해결할 수 있었다. 나는 너무 마음이 아파서 최대한 보상을 잘해주고 싶었지만 양국 영사관들끼리 한 합의에 동의했다. 그날 이후 안전 설비를 대폭 강화했다. 지금도 그때 일을 생각하면 눈물이 앞을 가린다. 수기 안도와의 아픈 이별을 생각하면 앞으로도 안전에 최선을 다해야 할 것이다. 그 친구가 아깝게 생명을 잃은 것이 헛되지 않아야 한다. 좋은 일만 기억해야 하는데, 이렇듯 아픈 일까지 항상 기억하고 있으니 눈물이 많아질 수밖에 없다. 일기에 쓰고, 다시 읽고, 머릿속으로 계속 생각하고 반성했다. 삶이라는 것은 계속 생각하고 고민해야 하는 것 같다.

 경영 혁신을 위한
아이디어

2016년, 제품 폐기식을 한 적이 있다.

스피드데크는 결합된 철근의 위아래 철사 굵기가 다른데, 법적으로 정해진 허용 오차가 있다. 우리 회사는 오차를 고려해 생산을 해왔고, 이는 다른 업체에서도 통용되는 방식이다. 어느 날 법령이 바뀌었고, 우리는 오차 범위가 바뀐 것도 모르고 계속 생산하다 고발을 당했다. 스피드데크에 철선이 다섯 개 들어가는데 네 가닥은 바뀐 법령에 적합했지만, 하나는 범위가 틀렸다는 것이다. 대법원까지 가는 오랜 논쟁 끝에 실수를 인정받아 회사가 기사회생했다. 안 그랬으면 회사는 큰 손실을 입었을 것이다. 우리 회사에서 해고당한 품질 담당 직원이 동종업계와 연계해 국민권익위원회에 신고해 벌어진 일이었다. 법령이 바뀐 것을 알고 나서는 공식으로 폐기식을 하고 반성했으며, 그때부터 품질에 더욱 신경 쓰게 됐다. 삼성 이건희 회장도 불량품을 폐기한 적이 있다는 말을 나중에 전해 들었다.

우리 회사에 개선 아이디어 포상제도가 있는데, 내가 한 번도 생각지 못한 좋은 아이디어가 나오기도 한다. 다만 개발보다는 관리, 영업 부분에 대한 의견이 많다. 원가절감을 할 수 있는 기술 같은 기발한 아이디어는 아직 없어서 아쉽다. 대기업이라면 대부분 이런 제도가 있겠지만, 데크 회사로는 우리 회사가 유일하다. 데크 회사는 대부분 연 매출 1000억 원 미만이므로 아무래도 대기업과는 여건이 다를 수밖에 없다.

혹시 앞으로 개발과 관련해 좋은 아이디어를 내는 직원이 있다면 그의 이름으로 특허를 내줄 것이다. 우리 회사 특허 중 에코데크는 내 아이디어로 탄생했다. 국제 특허라 더욱 자랑스럽다.

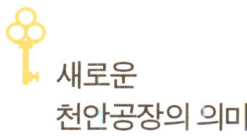
새로운 천안공장의 의미

1992년 설립한 김포공장이 우리 회사 최초의 공장이다. 김포와 음성공장은 이제 팔고 세 곳의 공장을 운영하고 있다.

김포공장 설립 당시에는 김포군청과 인허가 문제 때문에 고생을 했다. 지금도 허가가 잘 안 난다는데, 그때는 오죽 힘들었을까. 김포공장 준공과 관련해 그때 속상한 마음을 토로한 일기가 여러 장 있다. 직원들에게 공장 설비 가동법을 가르치느라 눈병까지 났다.

이후 2003년 천안공장, 2010년 군산공장, 2015년 베트남에 공장을 연이어 지었다.

▲ 덕신하우징 천안본사 신사무동

군산공장은 땅이 8만 평으로 부지가 가장 넓다. 나중에 공장 시설을 추가하기 위해 일부러 큰 부지를 얻었다. 사실은 고향 홍성 근처에 공장을 짓고 싶어 오랫동안 알아봤지만 구하지 못해 군산까지 내려간 것이다. 막상 군산으로 결정하니 그곳은 산업단지라 규제가 없기에 크게 힘든 것이 없었다. 배수, 공업용수, 가스까지 다 설치되어 있다. 다른 지역은 나무가 몇 그루 있는지 사전 조사해 사진까지 제출하면서 산림 훼손 허가부터 받아야 하는데, 군산은 모든 것이 술술 진행되었다.

2020년 새롭게 확장한 천안공장은 세계 최대 일체형 데크 생산 공장이다. 천안공장이 특별한 이유는 세계 최대 규모의 데크플레이트 단일 공장이기 때문이다. 실무자 입장에서는 내가 자주 계획을 변경해 힘들었다고 한다. 아무래도 욕심을 내다 보니 여러 가지를 고심하느라 설계나 계획을 변경해 직원들에게 미안한 마음이 들었다.

새로운 천안공장은 직원 복지 공간에도 심혈을 기울였다. 식당, 기숙사, 목욕실, 헬스장, 직원 휴게실, 공원, 아트홀을 갖췄다. 남은 부

지에는 앞으로 직원 축구장이나 공장을 추가할 예정이다. 2020년부터 4월 1일부터 천안공장은 3교대 24시간으로 운영한다. 3교대는 주말도 없이 공장이 돌아가기간, 앞으로 올림픽, 월드컵드 시청해야 하고 재미 있는 영화도 봐야 한다는 점을 감안해 복지시설에 신경 썼다. 덕신하우징 아트홀은 세미나장으로도 활용 가능하다. 300석의 아트홀 공사를 마치고 근처 학교와 공공기관에 무료 대관 안내 공문도 보냈다. 음향과 조명 시설을 완벽하게 갖췄으니 필요한 이에게 무료로 대관해주려 한다. 그간 우리 회사도 마땅한 행사 시설이 없어 고생했기에 주위 사람들과 좋은 시설의 공연장을 나누고 싶었다. 부서별 토의를 위한 워크숍 시설도 마련해놓았다.

▲ 천안공장에서   ▲ 박운용 공장장과 천안공장을 둘러보는 모습

▲ 140석 규모의 청라 별장 공연장

▲ 국내외 VIP 숙소로 사용하는 청라 별장에는 여러 종류의 술을 마련해 놓았다

2019년에 완공한 청라 별장은 국내외 VIP 숙소로 쓰기 위해 사비로 만들었다. 지하에는 140석의 공연장이 있는데, 역시 지역주민에게 무료로 대관하고 있다. 첨단 조명과 음향 시설에 많은 돈을 들였다. 누구든 회사 단합대회, 학예회, 결혼식, 회갑연 등에도 무료로 사용할 수 있다. 한 달에 관리비만 100만 원가량으로 손해를 보고 있지만 마음만은 든든하다. 인근 주민과 시설을 함께 사용할 수 있으니 금상첨화다.

일에는 재미, 마감 시간, 목적, 의미를 부여해야 한다

어떤 일이라도 무턱대고 계획을 세우지 않으면 조바심 때문에 망치게 된다.

똑같은 일이라도 놀라울 정도로 일의 결과가 변하는 것을 체험하게 될 것이다.

이렇게 일하는 방법을 하나의 습관으로 완전히 몸에 익히면 그다음부터는 일하면서 느끼는 행복감이 크게 느껴진다.

우리는 인생의 3분의 1 이상을 일터에서 보낸다.

일이라는 것은 단순히 생계유지 수단으로 머물고 지나간다면

큰 실패를 하지 않아도 알찬 인생이라는 평가를 받지 못할 것이다.

과거의 전례대로 따라 해서 되는 것이 아니다.

행복의 대가를 즐겁게 유쾌하게 반드시 보장받을 수 있는 직장이라는 것을 믿자. 자신의 인생을 행복으로 가득 채워보자.

- 행복의 대가 2005년 2월 일기

군산공장 오픈 기념 기공식 자선대회를 주관하며

내 생애 오늘처럼 큰 행사를 또 치를 수 있을까 싶을 만큼 화려하고 웅장한 기공식이었다. 내·외빈 800명가량 운집했고, 유명 사회자, 가수 초대 등 중소기업에서는 엄두도 못 낼 규모의 큰 행사를 탈 없이 마칠 수 있었던 것은 직원들의 노고 덕분이다.

나의 마지막 숙원 사업인 철강, 유통 혁명을 반드시 이뤄 고객이 대우받는 문화로 바꿀 것이라는 신념으로 운영할 것이며, 존경받는 유통회사로 인생의 한 페이지를 장식하고자 한다. 30년 넘게 사업하면서 고생도, 어려움도 많았으나 오늘 같은 날도 있기에 가슴 벅찬 환영사를 낭독했다. 반드시 성공하고 마지막 인생은 그늘진 곳에 내 재산을 쓸 수 있도록 소년소녀 가장 복지재단을 만들고자 한다.

- 2010년 7월 23일 일기

▲ 2010년 군산공장 기공식   ▲ 2010년 7월 덕신스틸군산공장

세계 속의 덕신

▲ 덕신하우징 데크플레이트로 시공된 베트남
　Hanoi Lotte Tower

▲ 싱가포르 Bukit Brown Flyover.
　덕신하우징 자재로 지어진 해외 교량이다.

▶ 덕신하우징 데크플레이트로 지어진
베트남 Hanoi Samsung Electronic Factory.

▲ 덕신하우징은 해외 주요 건축 전시회에 매년 참가하고 있으며 2019년에는 사우디 건축전시회에 국내 데크업체로 처음 참가했다

▲ 8개국어로 이름이 쓰여 있는 에코데크 샘플 제품

Kim Myunghwan Life Story

죽기를
각오하라

| 제 7장 | 죽기를 각오하라

 어제 일자로
상장 심사를 승인받다

5월 22일 18시 6분에 통보를 받았는데, 덤덤하게 퇴근했다. 오늘 출근해보니 여기저기서 축하 메시지가 와 있어 이제야 실감이 난다. 특히 양일석 사장은 내가 모질게 꾸짖어 회사를 그만두게 해 다른 좋은 회사 CEO로 재직 중인데, 우리 회사 주식을 많이 갖고 있어 재테크가 되었다고 울먹이며 축하 전화가 왔다. 나도 같이 울었다. 워낙 힘들게 상장에 성공하다 보니 감회가 새롭다. 정말 소원 성취했다. 이제 죽어도 여한이 없다. 그래서 매년 5월 22일을 기념하기 위해 창립기념일로 공표하였다. 이제 공모가 완료되면 세계화를 이루어 그룹 매출 1조 원도 기대해볼 수 있을 것 같다. 꿈은 거대하게, 실행은 세밀하게 실수 없도록 추진하자. 보람찬 삶을 위하여 멋진 기업가로, 국민의 한 사람으로, 김씨 가문의 일원으로 명성을 날려보자.

- 2014년 5월 23일 일기

여의도 한국거래소에서 상장식을 하다

시초가가 215,000원으로 기대보다는 낮은 가격이다. 공모가 대비 65% 높은 금액에 거래를 시작했는데, 정말 훌륭했다. 사업 숙원은 좋은 회사를 만들어 좋은 일을 하는 사명으로 살다감과 동시에 기업 가치도 끌어올려야 한다는 것이다.

이때 주가 관리도 중요하지만, 타이밍을 잘 맞춰 글로벌 사업 확장이나 인수, 합병 계획을 세워야 한다. 시작 전 북을 세 번 치는데, 왜 이리 멋있는지 정말 훌륭했고 감격했다. 오늘 상장 기념으로 본부장들과 천안 계곡에서 1박 2일을 하며 앞으로 비전을 논의해본다. 우리 회사가 세계로 뻗어나가려면 본부장들의 역할이 중요하기 때문이다. 주가 관리도 중요하다. 나는 주식 33%만 남기고 팔아서 복지재단을 설립할 계획이다.

- 2014년 8월 1일 일기

▲ 덕신하우징 코스닥 등록 때 감격적인 순간

코스닥 상장의 힘

5월 22일은 우리 회사 공휴일이다.

2014년 5월 22일 코스닥에 상장한 날을 창립기념일로 정했다. 다섯 번 떨어지고 여섯 번 만에 붙었으니 감동이 더욱 컸다. 처음에는 어떻게 상장해야 하는지 합격 노하우를 몰랐다. 투명하게 경영을 보여주는 방식을 몰라 떨어졌고, 동종업계의 고발로 떨어지기도 했다. 법인 회사를 또 하나 차려서 인수했는데, 누가 허울뿐인 가짜 회사라고 투서를 넣은 것이다. 동종업계 중 제일테크노스 이후 두 번째 코스닥 상장이었다. 5년 연속 떨어졌는데 1년에 한 번밖에 신청을 못하니 답답했다.

코스닥 상장을 하면 회사 규모에 따라 주식을 발행해 최소 200억 원의 자금을 융통할 수 있다. 그 돈을 어디에 쓸 것인지에 대해 금융감독원 한국선물거래소에서 심사를 시작한다. 그간의 사업 실적과 앞으로 3년간의 미래를 고려해 근거 있게 자금 운용 계획을 짰는지 조사한다. 만약 사우디아라비아에 물건을 팔겠다고 하면, 현지에 전화해서 조사한다. 매우 까다롭다. 상장사는 돈이 필요할 때 주식을 발행하면 되므로 은행 돈을 쓰지 않아도 된다. 그렇게 힘들게 획득한 주식으로 공동체 경영에 투자할 예정이며, 천안공장도 자체 자금으로 건립했다. 업계에서 유일하게 품질본부팀과 기업부설연구소를 운영하는 이유도 앞으로 계획과 밀접한 관계가 있다. 천안공장 3차 개발의 핵심 사업으로 예정된 세계 유일의 데크 전용 연구원 건립은 부지 면적 3만m^2, 건축 면적 8000m^2다. 총투자비 약 200억 원을 들여 2021년 완공을 목표로 한다. 데크 내화 실험, 층간소음 방지 실험, 데크 구조 실험 등을 할 계획이다.

▲ 덕신하우징 코스닥 등록

▲ 덕신하우징 코스닥 등록 때 감격적인 순간

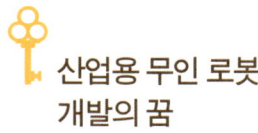
산업용 무인 로봇 개발의 꿈

에코봇은 세계 최초의 건설 현장용 로봇이다.

2023년에 개발이 완성될 에코봇은 탄생하기까지 개발 기간 5년, 개발 비용 10억 원이 들었다. 일본에서 교량을 이동하며 크랙(crack) 발생 부문을 점검하고 데이터베이스로 축적하는 로봇이 나오기는 했다. 그러나 단순 점검 기능만 할 뿐이었다. 무게 15kg의 에코봇이 직접 에코데크의 볼트를 푸는 작업을 한다는 점에서 의미가 다르다.

에코봇은 나의 아이디어에서 출발했다. 강판 탈형 데크플레이트인 에코데크의 장점을 극대화하는 묘안이었다. 에코데크는 하부 강판을 분리해 재활용할 수 있는 획기적 제품이다. 그러나 강판을 분리하는 추가 공정이 있기에 인력과 공사 기간이 증가하는 단점이 있었다. 강판을 분리할 때 볼트를 해체하는 작업을 로봇이 대신할 수 있지 않겠느냐는 상상에서 연구가 시작됐다.

연구 과정은 쉽지 않았다. 참고할 만한 사례가 없었고, 국내외 로봇 개발사에 아이디어를 제안했지만 거절당했다. 건설 현장에 실제 투입해 작업을 할 수 있는 로봇을 만드는 것도 문제였다. 현장별로 상황이 다르고 날씨에 따라 환경이 바뀌기 때문이다. 잠시 정체에 빠진 로봇 개발은 2013년 11월 덕신하우징과 한국로봇융합연구원이 업무 협약을 체결하면서 빠르게 진행됐다. 덕신하우징은 건설 현장의 특수성을 반영한 아이디어를 제시했고, 연구원에서는 이를 로봇 기술에 접목해 구현했다.

데크플레이트 특성상 로봇을 천장에 붙여야 하는데, 작업 면과 로봇 사이 간격이 없으면 로봇이 이동하지 못해 작업을 할 수 없다. 덕신하우징과 연구원은 강판에 자석을 붙인 로봇을 가까이 가져가면 자기장이 생긴다는 점에 착안해 4mm가량 간격을 두고 움직일 수 있는 방법을 찾았다. 에코데크 강판에 연결된 볼트를 해체하기 위해 세계 최초로 내부가 비어 있는 중공 형태의 해체 툴도 개발했다. 모든 방향으로 주행 가능한 메카넘 휠과 측면 주행 시 미끄럼을 최소화하기 위한 옴니휠도 만들었다. 해체해야 할 볼트와 전면의 장애물을 인식하고 피할 수 있는 카메라·센서로 구성한 비전 시스템을 개발해낸 것도 성과다.

에코데크 강판 해치에는 세 명이 한 조로 투입된다. 종일 천장을 올려다보면서 작업하다 보니 작업자의 피로도가 크다. 현재 작업자 세 명이 하루에 150~200m^2가량 시공하는데, 인건비가 60만 원 이상 든다. 에코봇 한 대는 한두 명의 작업자를 대체할 수 있을 뿐 아니라 작업 속도도 균일하게 유지 가능하다. 에코봇은 싱가포르 전시회에서도 좋은 평가를 받았으나, 로봇에 방진·방수 기능을 적용하기 위해 현장 투입을 멈추고 추가 개발을 진행하고 있다.

향후 천안 연구원을 완공하면 층간소음을 잡는 데크 연구도 시작할 예정이다. 물론 쇠는 소리를 전달하는 특성이 있기에 쉽지 않을 것으로 보인다. 단열재 일체형 인슈데크 전용 볼트 해체 로봇인 인슈봇을 개발하기 위해 콘셉트를 구상 중이다. 에코봇이 안정화되면 인슈봇의 개발도 속도를 낼 것으로 본다.

앞으로 로봇이 인간의 노동력을 대체하게 될 것이다. 그렇다면 인간은 무엇을 해야 할까?

가치관이 확고하고 나름 삶의 철학만 있다면 인간의 미래는 문제없을 것이다. 사람이 로봇을 부리고 수리하니, 사람이 할 일은 미래에도 여전히 많다. 개발하는 주체가 창의성만 있으면 된다. 만물은 사람이 지배하는 것이다. 오히려 지금 사람들이 너무 빨리 일손을 놓는 것이 안타깝다. 정년이 60세인데, 평균수명이 90세라는 것이 문제다.

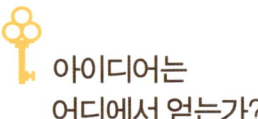

아이디어는 어디에서 얻는가?

아이디어의 원천은 일상이다.

신문 보고 책 보고 하루 종일 고민하면 생각이 날 수밖에 없다. 남의 사업이 아니고 내 일이기에 머릿속은 항상 데크 생각뿐이다. 더군다나 현업에서 여전히 활동하고 있으니 고심하다 보면 새로운 아이디어가 나오곤 한다. 어떻게 하면 소비자의 눈높이를 맞출까, 어떻게 하면 남과 다르게 만들고 남보다 좋은 물건을 만들까. 항상 나 자신을 돌이켜 본다. 뉴스만 봐도 세계 각국에서 아이디어를 얻을 수 있다. 데크 산업과 큰 상관없는 애플, 삼성 관련 뉴스도 아이디어를 구상하는 데 도움이 된다. 성공한 사람은 자신만의 관점이 있다. 애플의 창업자 스티브 잡스의 책을 보면 철학과 디자인이 연결되어 있다. 그도 매일 고민 끝에 좋은 결과를 얻었을 것이다. 노무현 전 대통령도 사실 정치와는 별 관련이 없는 상업고등학교를 나와 사법고시, 부산시장을 거쳐 대통령이 되지 않았던가. 세상일은 모두 서로 연관이 있다.

우리는 베트남, 일본, 호주, 중국을 포함한 국내외 등록 특허 48개와 16개의 기술인증서를 보유하고 있다. 특히 자랑스러운 특허는 탈형 데크용 스페이서 특허다. 업계 최초로 개발한 에코데크의 핵심 발명품인데, 데크플레이트에 콘크리트를 붓고 강판을 용이하게 분리·회수할 수 있는 부품이다. 강판을 떼어낸 자리에 콘크리트가 노출되어 하부면의 크랙과 누수 여부를 쉽게 확인할 수 있어 건축물의 내구성을 증대시키는 제품이다.

덕신하우징 경쟁 업체인 다스코와의 탈형 데크 특허 소송 대결에서 2019년 2월 최종 승리를 거뒀으며, 그해 9월에는 손해배상 청구소송에서도 승리했다. 2014년부터 6년간 이어진 재판에서 승리한 것이다.

우리는 매월 1회씩 데크플레이트 시공 현장을 방문해 안전 점검의 날 행사를 실시한다.

덕신만의 특별한 경영 전략이다. 다른 회사도 우리처럼 하고 싶어 하지만, 따라 한다는 것이 자존심 상해 못하고 있을 뿐이다. 우리 회사 전문가들이 팀을 이뤄 데크플레이트 설치 현장에 가서 안전 점검을 한다. 천안공장도 한 달에 한 번, 매월 첫째 주 월요일이 안전 점검의 날이다. 환경, 안전, 생산 등 두루 살펴본다.

그러다 보니 전국의 큰 현장에 다 가볼 수밖에 없다. 안전 점검을 하는 날은 하루 동안 일을 못하고 돈을 받고 하는 것도 아니지만, 거래처에서 환영받으니 보람을 느낀다. 이렇게 안전 점검까지 잘해주는 회사라고 입소문이 나는 것이 홍보다. 현대건설, 대림건설, GS건설, 한화건설 등 안전 점검을 하러 갈 곳이 많다. 이것이 좋은 영업이고, 품질이고, 신용이다. 새벽 7시에 도착해 안전 점검을 하면 박수를 받는다. 이렇게 신뢰를 얻으면 안전성 확보뿐 아니라 다음에 또 수주를 받을 수 있다. 실시한 지 10년 정도 됐는데, 덕신 옷을 입고 안전모를 쓰고 안전 점검 하는 모습이 멋지다.

원래는 경쟁사들이 덕신보다 앞서 있었다. 2005년경 첫 번째 천안공장이 자리 잡으면서 공격적으로 우리가 나서기 시작

▲ 현장안전점검

했다. 신제품 출시는 물론 천안공장의 좋은 생산 품질로 인해 경쟁에서 우월해졌다. 우리나라에 총 10개 정도 경쟁사가 있는데, 때로는 우리 직원들을 빼가기도 한다. 덕신이 일종의 데크 사관학교다. 다른 회사에서 월급을 많이 주고 계급을 올려준다고 하니 직원들로서도 귀가 솔깃할 수밖에 없다. 신기술 유출이 걱정되지만 법이 있어도 근로자 편이니 안타까울 때도 있다. 건설교통부에서 신기술을 인증해주는데, 신기술이 특허 위에 있다. 특허가 있어야 신기술을 신청할 수 있고, 신기술을 심사해 보호해준다. 다시 우리 회사로 돌아오는 직원들도 종종 있는데, 거의 받아주고 있다.

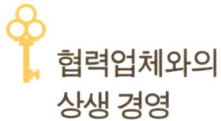
협력업체와의 상생 경영

"실천하자 나눔 경영! 실현하자 동반 성장!"
2014년에 정한 슬로건으로, 지금도 실천하고 있다. 덕신하우징과 거

래 중인 100여 개 협력사와 대금 결제 시 어음 대신 전액 현금으로 결제하고 있다. 대금 지급 시기도 기존 매월 15일에서 5일로 10일 앞당겨 협력사의 비용 부담을 경감했다.

돈을 빨리 주려는 회사는 드물다. 나는 예전에 고생을 해봤기에 이런 생각을 갖게 된 것이다. 큰 회사일수록 돈을 늦게 주려고 한다. 내가 갑에게 수모를 당했다고 해서 을에게도 그러고 싶지는 않다. 일기를 보면 나중에 성공하면 그러지 말아야겠다고 결심한 글이 남아 있다. 건물 하나 있는 사람들도 임대료를 계속 올려서 정부가 계약 기간 5년간은 임대료를 올리지 못하게 할 정도로 갑을 관계의 폐해가 사회에 만연해 있다. 과거보다는 덜하지만 완전히 뿌리 뽑힌 것은 아니다.

우리 회사의 이런 정책을 좋아하는 사람도 있고, 당연하다는 사람도 있다. 동반 성장에 일조하고 싶어 웬만하면 결제를 월 2회 해주려고 한다. 대리점에는 구조 설계용 전산 프로그램 및 컴퓨터를 제공하고 분기 1회, 연 4회 기술 전수 교육을 실시하고 있다. 협력업체에도 접대는 물론 '물 한 잔도 얻어먹지 말라'는 윤리경영을 선포했다. 갑을 관계에서 탈피해 미래를 함께하는 동반자로 인식하고 싶어서 좋은 행사가 있을 때마다 협력사 사람들을 초대하고, 송년회도 함께 한다.

나를 감동시킨 책

가끔 감명 깊게 읽은 책에 대한 질문을 받는다.

초등학생 때는 놀기 바빠서 공부를 게을리했다. 책을 열심히 읽기

시작한 것은 사업을 시작한 뒤부터다. 신문이나 책을 읽다 보면 아름다운 시도, 중요한 말도 많이 나온다. 경영 관련 서적을 읽어야 사업을 제대로 할 수 있다. 책이 읽기 싫다면 잡지라도 읽어야 한다.

특히 성공한 회장들의 책은 흥미롭다. 대우 김우중 회장의 〈세계는 넓고 할 일은 많다〉, 현대 정주영 회장의 〈시련은 있어도 실패는 없다〉, 삼성 이병철 회장의 〈호암자전〉, 포항제철 박태준 회장의 〈청암 박태준〉도 감명 깊게 읽었다. 나는 그중에서도 세계시장을 내다보고 경영한 김우중 회장의 책을 좋아한다.

성공한 사람의 자서전을 읽다 보면 흥미로운 내용이 많다. 이명박 전 대통령의 자서전 〈대통령의 시간〉도 감동적이었다. 부실공사라 처음부터 다시 시작하게 했다는 일화가 실린 박태준 회장의 〈최고 기준을 고집하라〉는 젊은이들에게 꼭 추천하고 싶다. 제1장 '영전에 바친 보고서' 편을 읽으니 박정희 대통령 영전에 성공을 바친 이야기에서부터 눈물이 났다. 역사책도 좋아한다. 김구 선생의 〈백범일지〉를 읽고 나라를 위해 고생한 김구 선생의 노고에 깊이 감경받았다.

책을 읽고 나서 회장들의 경영 철학을 꼼꼼히 분석하고 나와 비교해 보기도 했다. 솔직히 이병철·이건희 회장은 원래 부잣집에서 태어난 분들이라 크게 감흥은 없다. 현대 정주영 회장의 경영 스타일이 존경스럽다. 그는 불도저 스타일로 한번 결정하면 끝까지 밀어붙이는 것이 특기였다. 애국자라는 것도 나를 감탄하게 했다. 북한에 소 떼를 몰고 간 이야기는 모두를 감동시켰고, 금강산 관광도 따지고 보면 정주영 회장이 성사시킨 것이다. 정주영 회장과 이병철 회장의 경영 스타일은 많이 다르다. 두 회장의 역사관 역시 완전히 다르다.

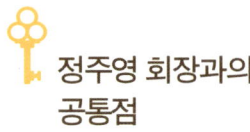
정주영 회장과의 공통점

내 별명도 불도저다. 시골 친구들과 겁 없이 놀 때부터 그렇게 불렸다.

술, 담배를 하지 않는 것도 정주영 회장과 나의 공통점이다. 그분은 정치에 입문했지만, 난 아니다. 앞으로도 정치를 할 생각은 없다. 충청도 출신이지만 통일에 관심이 많은 이유는 대한민국 국민이기 때문이다. 분단국가에 사는 국민으로서 통일 문제는 오래전부터 관심이 있었다. 북한에 친인척이 있는 것은 아니다. 우리 회사가 사회 봉사를 위해 무봉재단을 운영하는 것처럼 선경합성과 유한양행이 재단을 운영하고 있다. 복지재단을 운영하는 회사는 사실상 그리 많지 않다.

정주영 회장처럼 통일에 일조하고 싶은 마음에 나도 여러 계획을 세워두었다. 2019년에는 8·15를 맞아 어린이들을 데리고 중국 상하이에 다녀왔다. 원래 북한 어린이들도 데리고 가려고 했는데 통일부에서 거절당했고, 중국에서도 북한 아이들이 입국하는 것을 거부했다. 아마도 현지에서 북한 아이들을 통제하기 어려울까 봐 그런 것 같다.

우리 세대에서는 통일이 어렵지 않을까 싶다. 아이들 세대가 성장해 통일을 이뤄야 하니, 아이들이 올바른 역사관을 지닐 수 있도록 미약하게나마 도움을 주고 싶은 마음에 기획한 행사다.

몇 년 안에는 우리나라 학생들과 음악가들을 평양에 데리고 가서 통일음악회를 개최하고 싶다. 남북한 가수들이 한 무대에서 공연하는 것이다. 관객석에는 남북한 학생들이 함께 앉아 화해의 공연을 지켜볼 것이다. 이때 우리 남한에서는 비행기가 아닌, 반드시 버스를 타고 가야 한다. 정주영 회장이 소 떼를 몰고 휴전선을 넘은 것처럼, 우리 팀도 휴전선을 넘을 것이다. 남한에서 어린이 500명과 어른 500명 등 1,000명과 함께 평양을 방문하여, 북한 어린이 500명을 초청해 통일음악회를 열고자 한다. 공연이 끝나면 참가자들과 함께 아름다운 북한을 관광할 것이다. 올해 40주년 행사를 성공적으로 마치고 2022년에는 꼭 이루고 싶은 소망이다.

절차도 까다롭고 돈도 많이 들겠지만, 꼭 이룰 것이다. 또 가수로 제2의 인생을 살겠다고 마음 먹었으니, 통일 노래도 준비하고 있다. 통일 노래를 북한에 가서 멋지게 부르게 될 날을 기대한다.

나와 공통점이 많은 유한양행 유일한 회장은 내가 마음 깊이 존경하는 분이다. 공동체 경영, 불우이웃돕기재단 설립, 한 우물만 판 것 등이 바로 그것이다.

"열두 가지 재주 있는 사람이 밥 빌어먹는다"는 말이 있을 정도로 명(名)자를 붙이기가 어렵다. 사회의 인정을 받기 어렵다. 연륜도 중요하다. 이것저것 안 하고 자기가 지닌 재주의 전문가가 되어야 한다. 그 분야에 자신감이 붙었을 때 다른 것에 도전하면 좋다. 수학 선생, 국어 선생이 나뉘어 있듯 여러 가지를 한꺼번에 잘하기는 어렵다. 오로지 사물놀이만이 꽹과리, 징, 장구, 북 등에 다재다능할 수 있다. 사물놀이는 리듬을 타야 하므로 다른 악기도 다룰 줄 알아야 장단을 맞출 수 있다.

이명박 전 대통령은 월급쟁이가 그룹 대표까지 했다는 점에서 존경한다. 정주영 회장의 정치 입문을 못 말려 회사까지 그만둔 그는 결국 정주영 회장을 대신해 대통령 자리에 올랐다. 아마 나라도 그분 대신 해보자는 심정이었을 것이다. 그 양반은 제대로 절차를 밟아 정치에 입문했는데, 정당에 제대로 들어가서 시작했다. 정주영 회장은 당을 연예인과 함께 만드는 등 제대로 절차를 밟지 않는 것 같아 안타까웠다.

납골당은 무의미한 것

이 책도 유언장을 쓰는 마음으로 만들게 됐고, 나는 이미 죽음에 대한 준비를 마친 상태다.

어머니에게 허락을 받은 우리 삼 형제는 영동세브란스 병원에 안구, 심장, 콩팥을 기증하기로 했다. 어머니도 기증하셨기에 우리도 하기로 결심했다.

요즘 많은 이들이 납골당에 고인을 모신다. 감히 말하지만, 성대한 장례식만큼 무의미한 것이 없다. 납골당도 사치라고 생각한다. 놀라는 사람도 있겠지만, 나는 삶을 마감할 때 태평양 바다에 가서 배낭 속에 돌을 잔뜩 넣고 뛰어내리고 싶은 심정이다. 주위 사람들에게 폐 끼치지 않고 세상에서 조용히 사라지고 싶다.

하지만 가족과 직원들의 슬픔을 헤아려보면 그렇게 하지는 못할 것 같다. 요즘 아름다운 죽음에 대한 책도 많고, 죽음에 대해 종종 생각해 보게 된다. 내가 죽는다면, LG그룹 구자경 명예회장처럼 최소한으로 장례식을 치렀으면 한다. 부조금과 화환도 안 받아야 한다.

우리 아버지는 무덤에 모셨고, 어머니는 화장해서 재를 뿌렸다. 아버지 묘소에 벌초 다니면서 벌초 기계로 발목도 다쳤고, 어려움을 느꼈다. 이런저런 일이 많다 보니 어머니는 화장을 생각하게 되었다. 큰형이 화장을 반대하길라, 그렇게 서운하면 어머니를 차라리 북한의 김일성 위원장처럼 유리관에 넣자고 말해버렸다. 유리관에 모시는 것도, 화장도 안 된다는 큰형을 설득해 결국 어머니는 화장을 하게 됐다. 내가 주장해서 화장을 했는데도, 막상 재를 뿌리려니 어머니 유글함에 손을 넣을 때 덜덜 떨렸다. 입술을 악물고 재를 뿌렸다. 지금은 가족들이 그렇게 결정하길 잘했노라고 말한다.

어디든 화장터에는 파이프가 있는데, 유가족들이 한 주먹씩 재를 뿌리는 형식이다. 땅속으로 연결된 아궁이에 재가 수북이 쌓인다. 그 재가 어디로 가는지 궁금해 며칠 후 가보니 산속에서 재를 거름과 섞고 있는 것을 발견했다. 자연에서 태어나 다시 자연으로 돌아가는 것이다.

수목장과 납골당도 무의미하다고 생각한다. 더군다나 가정형편이 넉넉지 못하다면 더욱 지양해야 한다. 납골당은 비싸고, 수목장은 계속 돌보지 못해 나무가 잘 자라지 않으면 마음이 불편하다. 재를 강이나 바다에 뿌리면 벌금이 나온다. 그래서 난 깔끔하게 바다에서 뛰어내리고 싶다는 생각을 한 것이다. 남은 가족에게 부담을 주고 싶지 않다.

우리 가족은 제사 때 축을 읽는 대신 아버지, 어머니가 남긴 편지를 읽는다. 그래서 첫해 제사 때는 온 식구의 눈물로 울음바다가 된다. 부모님이 써준 편지를 읽거나 육성 녹음을 틀어놓으면 온 가족이 엉엉 울기 때문이다.

"돈 빌린 것을 갚아라", "막내를 신경 써라", "먹고 살만 하거든 할아버지 산소를 돌봐라." 이런 내용인데, 일종의 유언장이다. 돌아가시기 전 두 분에게 청해서 미리 녹음해둔 것이다. 두 분 모두 글 쓰기가 힘들어 녹음과 구술 정리로 남겼는데, 좋은 아이디어라고 생각한다. 그때 어머니가 나에게 막내 여동생을 돌봐주라고 신신당부하셔서 가능한 한 많이 도와주려고 노력했다.

호화 장례식, 호화 결혼식, 호화 주택을 보면 거부감이 생긴다. 비싼 호텔에서 축의금 내고 밥 먹기 싫어 돈만 보내고 가지 않을 때도 많다. 어린 시절에도 가난했고, 결혼해서도 천막 신혼집에 살아 그런 생각이 드는지도 모르겠다. 한동안 부엌 없는 집에서 살기도 했다.

부조금 받아 불우이웃돕기를 하면 좋을 텐데, 굳이 돈을 받아 챙기는 부자들이 안타깝다. 부조금 몇억 원 받아 무엇을 하려는가? 증여세 내지 않고 자식한테 주니 좋다는 사람도 있는데, 좋지 않은 심보다. 나도 큰딸 결혼할 때 축의금을 받지 않으려 했지만, 아내와 논의하다 어쩔 수 없이 받아 지금도 마음이 편치 않다. 아버지 장례식에서는 부조금을 받았지만, 어머니 때는 받지 않았다.

인간은 무궁무진하다

어제의 이념과 개념은 오늘 필요하지 않다. 그날그날 연구하면서 지혜를 쌓아야 전투에서 승리한다.

제조업이든 유통업이든 큰 투자 없이 개선할 수 있는 요소를 찾아 발전하자.

생산성을 증가하면 원가를 낮출 수 있기에 고정관념의 탈피가 필요하다.

- 2004년에 쓴 일기 중에서

Kim Myunghwan Life Story

제 8 장

친인척의 돈은 쓰지도,
주지도 마라

| 제8장 | 친인척의 돈은 쓰지도, 주지도 마라

 우리 회사에는
친인척이 한 명도 없다

초기에는 가족, 친인척과 함께 일하기도 했다.

시행착오를 거치면서 경영에 방해가 될까 봐 멀리하다 보니 지금은 회사에 친인척이 한 명도 없다. 사위는 스스로 부담스러워하고, 예전에 우리 회사에 몸담은 큰딸은 애들 다 키우고 다시 오고 싶다는데 막고 있다. 친인척과 함께 일하면서 불편한 점이 많았기 때문이다. 남이 불편한 것과 친인척이 어려운 것은 다르다. 서운한 점이 다르다. 예를 들어, 집에서 딸과 함께 식사를 하면서 일 이야기를 하고 싶은데 딸은 듣기 싫다면서 한마디도 못하게 했다. 딸이 평사원이기에 회사에서는 직접 말하지 못하는 부분을 집에서 조언하고 싶은데, 거부하니 답답했다. 대기업에서는 처음부터 자녀들을 곧장 임원으로 임명하는데, 기본 절차를 거치지 않는 건 도리가 아니라고 본다. 집에서도 딸에게 할 말을 못하니 서운했다. 도리어 딸이 회사에서 있었던 일을 아내에게 말해서 부부싸움이 나기도 했다.

친인척과도 처음에는 우애가 좋았는데, 회사의 나쁜 점만 동네방네 떠들고 다녀 입장이 난처할 때가 많았다. 어느 회사든 좋은 점과 나쁜 점이 있기 마련인데 같이다. 부모님에게 자꾸 나쁜 점만 이야기해서 좋았던 관계에 찬바람이 불기도 했다.

고향 선후배를 데리고 있을 때도 불편한 일이 있었다. 덕신상사 때 고향 후배에게만 부모님 내의를 사드리라고 용돈까지 챙겨줬는데, 오히려 일을 많이 시킨다고 불평했다. 아는 사람과 일하기 어렵다는 것을 다시 한번 절감했다. 인사 청탁도 많이 받는데, 나중에 당사자가 안 좋은 소리만 해서 입장이 난처했다. 앞으로 누가 나에게 어떤 회사가 나쁘다고 불평하면, 그 회사 다니는 사람은 도대체 누구인지 물어볼 것이다. 그렇게 나쁜 회사에 있는 직원들은 바보인지, 왜 아직도 그 회사에 다니는지 도리어 확인해볼 것 같다.

무엇보다 친인척이 없어야 회사 경영이 활발하고 인사가 공정하다. 분위기도 더 화기애애하다. 우리 회사에는 고향 사람도 없고, 충남이 고향인 직원도 보너스 점수가 없다. 임직원들이 오히려 내게 특이하다고 한다. 신용이 있는 사람은 친인척의 손을 굳이 빌릴 필요 없으니 혈연관계에 연연할 까닭이 없다.

결혼 이야기

결혼 전, 경제사정이 빠듯하다 보니 데이트 한번 하기도 어려워서 서둘러 식을 올렸다.

아내 역시 결혼해 안정된 생활을 원했기에, 사업 자금 400만 원을 가지고 시집을 왔다. 여기에 내가 동신상사에서 독립하면서 가진 돈 300

만 원을 더하니, 우리 회사 자본금이 총 700만 원이 됐다. 사실 나는 돈을 많이 못 벌면 평생 결혼하지 않으려 했다. 하지만 앞으로 돈을 잘 벌 수 있으리라는 기대가 생겨 결혼을 하게 된 것이다. 결혼할 때 내 나이가 서른한 살, 아내는 스물여덟 살이었다. 돈을 많이 벌지 않으면 아기를 갖지 말자고도 생각했다. 하나만 낳으려고 결심했고, 일기장에도 이런 각오를 여러 번 남겼다.

그런데 우연찮게 연년생으로 두 딸이 생겼다. 두 아이는 16개월 차이가 난다. 셋째 아이는 낳지 않으려고 아내 몰래 정관수술을 하러 갔다. 이렇게 가족계획이 생각대로 되지 않으면 일기를 계속 쓴다는 것이 의미 없다고 생각할 정도로 스스로에게 실망했었다.

수년 뒤 사업이 성공해 형편이 넉넉해지니, 아내가 셋째를 갖고 싶다고 했다. 하지만 나는 20세기에 아들 타령을 하고 싶지 않았다. 예쁜 딸 둘이면 됐고, 그 점에선 지금도 후회하지 않는다. 딸만 둘이라는 것은 지금의 경영 신조에 일조한 부분도 있다. 욕심 많은 아들이 있으면 회사를 공동체 운영으로 돌리기가 쉽지 않을 테니 말이다.

지금도 아내와의 첫 만남이 기억난다.

결혼하고 싶다는 내 말에 거래처에서 맞선을 주선했다. 나는 작은형의 옷을 빌려 입고 화물차를 타고 갔고, 아내는 밤색 포니 자동차를 타고 왔다. 단발머리에 종아리까지 올라온 부츠를 신은 아내의 모습이 예뻐 보였다. 나는 선 자리를 마련해준 중매쟁이 부부, 우리 형님 두 분과 함께 나갔고, 아내는 장모님, 처남댁, 처남과 같이 나왔다. 신길동 다방에서 커피를 마시며 이야기를 나누었다. 아내의 눈매가 차갑다고 형들이 반대했지만, 나는 처음 만날 때부터 마음에 든다고 고백했다. 우리는 딱 세 번 데이트한 뒤 결혼을 약속했다.

첫 데이트 때는 전차를 타고 인천에 가서 바다도 보고 회도 먹고 왔다. 그런데 구로역에 도착하니 아내가 지갑을 인천 공중전화 박스에 두고 왔다고 했다. 나는 보나마나 지

▲ 덕신철강공업 사옥 준공식 및 송년의 밤 행사에서 아내와

갑이 사라지고 없을 테니 가지 말라고 했지만, 아내는 다시 가보겠다고 고집을 부렸다. 나는 아내 혼자 인천으로 보낸 뒤 회사로 일하러 갔다. 당연히 아내는 지갑을 찾지 못했고, 나에게 섭섭하다고 했다. 지금은 그 이유를 알지만, 그때는 연애 경험이 없어 이해하지 못했다.

일주일 후 두 번째 데이트를 하는데, 업무도 볼 겸 같이 전화국에 전화를 신청하러 갔다. 영등포에서 손 잡고 길을 건너려는데, 파란색 신호등이 깜빡거렸다. 나는 빨리 가서 전화 신청을 하겠다는 마음에 아내의 손을 놓고는 먼저 뛰어갔다. 당연히 아내가 다음 신호에 길을 건너 전화국으로 올 거라고 생각했는데, 화가 난 아내는 그길로 집으로 가버렸다. 내 전화도 받지 않았다. 이유를 몰랐던 나는 일단 만나자고 했다.

"다른 여자 만나러 간 것도 아니고, 일하러 갔습니다. 이런 작은 일로 벌써 서운하면 겨우 데이트 두 번 했을 뿐이니 우리 그냥 헤어집시다."

그때는 내가 아내에게 결례를 했다는 것을 알지 못했다. 내가 오히려 큰소리치니 아내는 당황했다. 나는 아내의 손을 슬그머니 잡은 뒤 앞으로 결혼하면 혼자 할 수 있는 일은 스스로 하라고 했다

"나는 항상 일이 중요하고, 두 번째가 당신이에요. 내가 어디 가서 다른 여성과 놀고 있었다면 당신이 마땅히 화를 내야겠지만, 나는 일만 열심히 하는 사람이니 이해해주십시오."

여자의 마음을 모르다 보니, 큰애를 낳을 때도 병원에 가지 않았다. 진통이 시작된 아내를 병원에 데려다주고 출근해버린 것이다. 밤이 돼서야 퇴근하고 병원에 갔다가 산부인과 원장에게 혼이 났다. 그때 아내가 예물로 준 롤렉스 시계를 차고 다이아몬드 반지를 끼고 있었는데, 원장이 아래위로 훑어보더니 화를 냈다.

"보아하니 성공한 사업가 같은데. 아무리 바빠도 그렇지, 어떻게 부인이 아기를 낳는데 오지 않습니까?"

주위 사람들의 말을 듣고 나서야 내가 잘못했다는 것을 깨달았다. 그래서 둘째는 출산할 때 병원으로 달려갔다. 아내는 지금도 큰애 낳고 서운했던 것을 못 잊는다고 한다. 내가 이렇게 둔해서 그런지 가족 간 아기자기한 추억이 없어 항상 미안한 마음이다.

결혼할 때도 아내를 서운하게 했다. 1981년 4월로 결혼식을 약속했다가, 사업이 어려우니 결혼식을 가을로 미루자고 했다. 당시만 해도 결혼식을 미루면 이미 약혼한 여성에게 허물이 된다는 것을 나는 알지 못했다. 아내는 깜짝 놀라 400만 원을 보냈다. 아내가 선경합성에 다니면서 모아둔 돈이라며 사업 자금에 보태라고 했다. 며칠 고민한 끝에 아내의 돈을 받았다. 아내가 그 돈을 장모님 회갑에 쓰려고 저축했다고 하길래 그때까지 꼭 갚겠다고 약속했다.

결혼 후 아내가 매달 양가 부모님에게 용돈을 드렸다. 나는 적은 돈을 매달 보내는 것은 큰 도움이 되지 않으니 양가 부모님 이름으로 적금을 들자고 제안했다. 우리 아버지와 어머니 몫은 그저 용돈이니 매

▲ 산악회 활동하던 모습　　▲ 근복무중이던 큰형 휴가　　▲ 산악회 활동하던 모습
　　　　　　　　　　　　　　나왔을때 가족과 함께

달 5만 원씩 넣었다. 장모님 통장에는 회갑연을 위해 매달 10만 원씩 넣었다. 아내가 용돈도 안 주는 며느리라고 욕먹을까 봐 걱정하길래 집에 갈 때마다 통장을 갖고 가자고 했다.

1990년, 장모님 회갑을 위해 적금을 깼다.

처가댁 식구들도 몰랐던 돈이라 조용히 갚아야 했다. 700만 원이 넘는데, 아내가 가만히 있으라고 해서 나는 일단 입을 다물었다. 그리고 회갑연이 끝난 뒤 장모님과 백화점에 가서 목걸이, 반지, 귀고리 세트를 사드리고, 남은 돈은 봉투에 담아드렸다.

그런데 장모님이 돌아가시기 전에 그 패물을 아내에게 다시 보내셨다. 아내가 사줬으니 돌려준다는데, 장모님의 마음을 생각하니 또 눈물이 난다. 다른 형제자매한테 주지 않고 아내에게 다시 주신 것이다.

물질이 그런 것이다. 푼돈은 줄 때만 잠시 좋을 뿐이다. 적은 돈을 자주 쓰는 것은 큰 의미가 없다. 이 점을 젊은 직원들과 우리 딸들에게도 이야기했는데, 이해하지 못하는 것 같아 안타깝다. IMF 외환 위기 때 장모님이 주신 패물을 금 모으기 운동 본부에 기증했다. 우리 아이들의 돌반지까지 모두 기증했다. 나라가 어려운데 집 안에 금을 하나라도 남겨둘 수 없었다.

40년 동안 아내는 내 생일을 꼬박꼬박 챙겨줬다. 생일날 미안해서 일부러 집에서 아침밥을 안 먹기도 한다. 반면, 나는 아내의 생일을 자주 잊어버린다. 항상 일이 더 중요하다고 생각해서 자꾸 까먹는 것이다. 어떤 해는 보험설계사가 왔길래 오늘이 아내 생일이라고 했더니 장미꽃을 사줘서 집에 들고 갔다. 아내는 오늘 어떤 여자를 만났길래 선물을 샀느냐며 오히려 화를 냈다. 모처럼 선물했는데 화를 내니 다음 해에 또 잊어버릴 수밖에 없었다. 그게 그렇게 서운했다. 아내 말로는 그동안 하지 않던 꽃 선물을 하니 놀라서 그랬다는데, 그렇게 의심할 일인가 싶었다. 자상해지려 해도 이상한 쪽으로 생각하니 도리어 어긋나버렸다. 언젠가는 누나에게 배워 아내 생일에 처음으로 미역국을 끓여줬는데, 내가 먹어도 너무 맛이 없었다. 올해가 결혼 39주년인데, 사실 그간 결혼기념일도 잘 챙기지 못했다.

아내를 만나기 전에는 연애를 한 번도 해보지 못했다.

시골 사람들이 연애를 더 잘한다는 이야기도 있던데, 내 경우는 그렇지 못했다. 나는 여럿이 왁자지껄 노는 것을 좋아했지, 연애를 한 건 아니었다. 동신상사에 다닐 때 주말에는 여행사를 운영하는 작은형을 도와주곤 했다. 산악회를 운영하는 작은형이 등반 일정을 신문 광고에 냈고, 내가 형과 함께 가이드로 나서서 주말 아르바이트를 한 것이다. 코스가 같으면 내가 등산을 따라갔고, 코스가 다르면 내가 사람들을 리드했다. 하지만 마진이 얼마 남지 않아 돈을 벌지는 못했다.

어느 해인가, 1월에 버스를 빌려 치악산을 갔는데 자매가 함께 등산을 하러 왔다. 나는 동생이 마음에 있었는데, 그녀의 언니가 나를 좋아했다. 그런데 언니가 산에서 굴러떨어졌다. 다행히 나뭇가지에 걸려 이

빨과 갈비뼈 두 개가 부러졌다. 나와 다른 남자들이 번갈아가며 업고 산을 내려왔다. 원주병원에 입원시킨 뒤 서울로 후송되었다. 병문안을 가니 동생이 나를 좋아하는 언니를 위해 일부러 병원에 오지 않았다. 동생은 나와 언니를 맺어주기 위해 끊임없이 노력했다. 영화표까지 선물하면서 언니와 나를 맺어주려 했지만, 연애 경험이 없던 나는 시큰둥해서 영화도 보러 가지 않았다.

지금 생각해보니, 산악 여행사는 엉덩이에서 뿔나는 장사다. 등산은 당시 경제적으로 여유 있는 사람들이나 하는 취미 활동이었기 때문이다. 연애를 안 해본 나에 비해 작은형은 연애 박사였다. 야학에서 중학교 과정을 공부한 작은형은 등산에서 서울대학을 졸업한 여자를 만나 결혼했다. 형들이 요란스럽게 결혼하고 사업하는 바람에 결국 아버지의 땅까지 팔게 되어 젊은 시절 내가 더 고생하지 않았나 싶다. 고생은 성공의 어머니라고 자신 있게 말하고 싶다.

공동체 경영의 꿈

지금의 나를 만들어준 존재는 바로 덕신 직원들이다. 월급은 적게 주고, 일은 배를 시켰는데도 열심히 일해줬으니 얼마나 고마운가!

이제 회사는 직원들의 손에 맡겨져 잘 굴러가고 있다. 내 손으로 좌지우지하는 규모는 진작에 넘어섰다. 모두가 행복한 노사 관계 속에서 성취하고 보람을 찾는 모습이 대견하고 감사하다. 때문에 자식에 대한 승계는 생각하지 않는다. 오래전부터 공동체 경영을 준비 중이다. 앞으로 5년 이내에 이루어질 것으로 보인다. 은퇴 계획도 착착 준비 중이다. 앞으로 회사에 관여하지 않고 골프장 매입도 준비 중인데, 이 계획이 이루어지면 자동으로 은퇴하게 될 것이다.

사실, 은퇴 후 편안한 삶을 위해 그동안 열심히 달려왔다고 해도 과언이 아니다. 골프도 치고 또 다른 취미도 찾을 것이다. 이번에 음반도 취입했으니 노래도 새로운 취미가 될 것 같다.

은퇴하면 100% 회사에서 손을 떼려고 한다. 어차피 죽으면 경영에서 손을 뗄 것이니 미리 떠나는 것이다. 남들은 내가 경영에서 완전히 손을 떼면 안팎으로 불안할 것이라고 걱정하는데, 그렇지 않다. 11년 전 대표이사를 선임할 때는 불안해서 눈물까지 났는데, 막상 맡겨보니 나보다 더 일을 잘했다. 덕신은 이제 내가 없어도 흔들리지 않을 것이다. 공동체 경영에 대해 딸과 손자들이 섭섭할 수도 있지만, 언젠가는 내 마음을 이해해주리라 믿는다.

2009년 CEO 체제로 전환한 이유도 공동체 경영을 미리 준비하기 위해서다. 최근 영업 대표이사, 경영 대표이사 양대 체제로 변환한 이유는 행정 관리는 아무래도 사회 인문 계열 출신이 잘하기 때문이다. 영업 임직원은 공과대학교 출신 기술자가 많다. 서로의 전문성을 인정해준다는 의미이자, 어느 정도 성장한 회사는 엄격한 관리가 필요하기에 임원들과 논의해 결정했다. 먼저 임명한 김용회 대표이사는 영업부서 CEO고, 이번에 새롭게 선임한 최영복 대표이사는 관리 CEO다. 공동체 법인은 나의 신념이다. 유한양행도 공동체 경영을 한 지 오래됐다. 공동체 경영에 대해 그간 많은 공부를 해왔다

지속 가능성을 위한 경영권 승계

1. 회사는 구성원 모두 주식을 보유한 주인이다.
2. 대주주라 해도 회사가 내 것은 아니다.
   단지 우리 회사일 뿐이다.
3. 자식에게 회사를 물려준다는 사고가 없어야 가능하다.
4. 유능한 사람이 경영해야 우수한 회사가 된다.
5. 장기 경영 체제, 10년 단위 임기 운영,
   나란히 평등한 원탁 회의

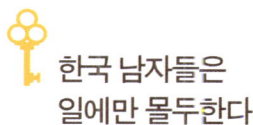
한국 남자들은
일에만 몰두한다

2019년 상하이 투어 때 큰딸 가족도 데리고 갔다. 항상 직원들과 함께하다 보니 정작 딸과는 추억을 만들지 못했다. 부자가 될 줄 몰랐기에 딸들이 태어났을 때도 맘껏 기뻐하지 못했다. 그래서인지 큰딸은 결혼을 늦게 하길 바랐는데 너무 빨리 해서 서운하기까지 했다. 이제 손자만 둘인데, 예뻐할수록 힘들다. 눈만 마주치면 책 읽어달라, 장난감 사달라 하니 체력적으로 힘들다. 슬슬 도망가기도 한다. 손자들이 초등학교 1학년과 3학년인데, 자주 보지는 못한다. 회사 공동체 경영에 대한 계획 때문에 일부러 정을 듬뿍 안 주는 마음도 있는 것 같다.

그간 가족에게 소홀했다.

가족 이야기도 일기장에 자주 썼다. 자상한 가장이 되고 싶다고 여러 번 썼다. 그런데 바빠서 계획만큼 실천하기가 어려웠다. 앞으로는 따뜻하게 가족을 돌봐야겠다고 결심하면서도, 마음대로 되지 않았다.

사업가로 공인된 사람으로서 사회적 의무감이 더 컸다.

평생 일만 하던 사람이 갑자기 가정에 충실하려니 쉽지 않았다. 나 같은 기성세대 사업가는 이제 와서 가족에게 잘하려고 해도 어렵다. 사업해서 성공했다면 세상일 다 알 것 같은 명석한 사람들일 텐데, 회사에 집중하다 보면 막상 가족에게는 잘하기가 어렵다.

회사에서 힘든 점을 가족에게 이야기할 여유도 없다. 가족은 회사 일을 잘 모르고, 다른 사람은 사업도 잘하고 가족도 잘 챙긴다고 서운해하면 더 이상 할 말이 없다. 소통이 잘 안 되는 가족은 부부가 자식에게 서로 흉을 보니 관계가 더 비뚤어지는 듯하다. 젊은 부부에게 자녀 앞에서 서로 흉을 보면 안 된다고 조언하고 싶다.

2011년 일기장에서 반성문을 찾았다. 미국으로 유학 간 둘째 딸 제리가 사고를 당했다. 주립대학교 병원에 입원했다고 해서 급히 달려가는데, 눈물이 앞을 가렸다. 병상에 누운 제리를 보며 그렇게 반성을 했는데도, 난 아직도 제리를 무뚝뚝하게 대한다.

2004년 일기장에서는 큰딸 유리가 내게 보낸 편지를 찾았다. 〈세계가 만일 100명의 마을이라면〉이라는 책을 읽은 유리가 내게 책 한 구절과 편지를 보낸 것이다. 그 마음이 예뻐 종종 꺼내 읽는다.

> 나의 반성, LA에서
>
> 둘째 딸 제리가 어학연수 때문에 미국에 갔다가 사고를 당했다.
>
> 주립대학교 병원에 입원했다길래 급히 달려가니 엄청난 재난이었다.
>
> 그날은 의식이 없어 몸을 만져보고 숙소에 머물고, 다음 날은 의식이 돌아왔으나 말을 못해 눈빛으로 대화했다. 서로 눈물을 떨구며 어

루만지는 감정, 정말로 부모 자식이 한 몸이 되는 감정의 눈물이었다.

그동안 아빠로서, 가장으로서 해준 것이 무엇인가? 아무것도 해준 것 없이 윽박지르고 상처 주는 강압만 했으니 사고가 날 만하지 않은 가. 앞으로도 재난이 재발할 수 있는데, 뒤늦게라도 사랑을 베풀어보자. 내가 삶을 잘못 살아서 이러한 사고가 발생한 것이다.

좋은 일로 미국에 왔으면 얼마나 좋을까. 지난 삶이 후회스럽다. 지금부터라도 부인, 유리, 제리에게 아빠의 도리를 다하자고 맹세해본다. 제리는 수술을 성공적으로 마쳤고, 안정을 찾고 있다. 천만다행이니 하나님께 감사하고, 앞으로는 제리가 하고 싶은 대로 해주며 살 것이다. 가족이 무엇을 바라는지 잘 알기 때문에 희생도 아니고 때려도 아니고, 내가 기본을 안 지켜서 이런 일들이 일어난 것은 아닌지 반성해본다.

큰딸 유리에게도 옛 상처가 가슴속에 남아 있어 나와 대화가 안 되고 있음을 느낀다. 마음을 열고 대화하고, 회사에 필요한 큰 사람을 만들기 위해 진급도 보직도 신경 쓸 것이다.

부인도 그동안 소외받고 가슴에 멍만 남아 있는데 이번 기회에 씻어주고, 매일 저녁 술 한잔하며 대화를 하고 서로 인정하며 살아가야겠다. 내 남은 인생기 겨우 10년, 15년, 20년이다.

부인, 유리, 제리 소중한 나의 가족. 무엇과도 바꿀 수 없는 우리 가족, 흩어진 마음을 주워 모아 뭉쳐 살아보자. 아빠 때문에 고생을 많이 한 제리. 모든 것이 나의 과오이기에 여러 번 반복해 반성해본다. 유리는 12월에 출산하는 아기 엄마라 신경이 날카로울 수 있으니 서로 잘하며 건강한 손자를 기다려본다.

- 2011년 6월 25일 일기

"아빠!

아래 글은 어제 강의 시간에 배운 내용이에요. 내 자신이 부끄럽다는 생각을 하게 된 좋은 글이기에 아빠도 읽으시면 좋을 것 같아서 이렇게 옮겨봅니다. 아빠, 저 유리는 정말 너무나도 엄청난 부자예요. 너무나 사랑하는 부모님과 제리가 있고, 소중한 친구들이 있고, 일한 만큼 대가를 받는 일자리도 있어요. 또 입을 옷이 있고 컴퓨터도 있고 차도 있어요. 대학교를 다닐 수 있고 글도 읽을 줄 알아요. 집의 냉장고에는 맛있는 음식이 넘쳐나고 다치거나 아파서 병원 신세를 진 적도 없어요. 이 세상에 사는 63억 명의 사람들 중 제가 너무나도 많은 것을 가진 축복받은 사람이라는 것을 알게 되었어요. 이렇게 많은 것을 가졌으니 저는 부자예요. 돈만 많다고 다 부자는 아니잖아요? 늘 저에게 주어진 것에 감사하고 남의 것을 탐내면서 살지 않을래요. 제가 가진 모든 것에 감사합니다.

아빠, 요즘 많이 힘드시죠? 힘드셔도 기운 내세요. 아빠도 부자잖

▲ 환갑 기념, 아내와 큰딸과 사위, 작은딸과 함께

아요. 아빠 곁에는 지혜롭고 인내심 많은 엄마가 계시고, 아직 철부지여도 건강하고 귀여운 두 딸이 있잖아요. 100여 명의 사람들에게 일자리를 주고, 우리나라 경제 발전에 이바지하는 기업을 경영하고 계시잖아요.

조금만 더 힘내세요. 화나고 짜증나는 일이 있어도 여유롭게 웃으면서 긍정적으로 생각하세요. 이렇게 이겨낸다면 앞으로 더 큰 발전이 있을 것이라고 생각해요. 또 아빠 건강에도 도움이 될 것입니다. 아빠 건강이 좋으셔야 엄마도, 저도, 제리도 건강할 수 있다는 것을 잊지 마시고요. 이 글을 읽으시는 지금 시간만이라도 근심과 걱정을 버리고 잠시 미소 지을 수 있으면 좋겠어요.

아빠, 우리 늘 감사하면서 살아요. 이렇게 많은 것을 가졌으니까요.

아빠 감사합니다. 늘 저희 곁에 계셔주셔서. 앞으로 저 유리 또한 아빠 곁에 있을게요. 힘내세요.

아빠 사랑합니다.

 - 2004년 9월 2일 목요일 어리석고 어리게만 살았던 못난 딸 유리 드림

만약 현재의 인구 통계 비율을 그대로 반영해 지구를 100명밖에 살지 않는 마을로 축소한다면 어떻게 될까요?

지금 세계에는 63억의 사람이 살고 있습니다.

그런데 만일 그것을 100명이 사는 마을로 축소시키면 어떻게 될까요?

100명 중 52명은 여자고 48명이 남자입니다.

30명은 아기들이고 70명이 어른들입니다. 어른들 가운데 7명은 노인입니다.

90명은 이성애자고 10명이 동성애자입니다.

70명은 유색인종이고 30명이 백인입니다

61명은 아시아 사람이고, 13명이 아프리카 사람, 13명은 남북 아메리카 사람, 12명이 유럽 사람, 나머지 1명은 남태평양 지역 사람입니다.

33명이 기독교, 19명이 이슬람교, 13명이 힌두교, 6명이 불교를 믿습니다. 5명은 모든 자연에 영혼이 깃들어 있다고 믿습니다. 24명은 또 다른 종교를 믿고 있거나 아니면 아무것도 믿지 않습니다.

17명은 중국어로 말하고, 9명은 영어, 8명은 힌디어와 우르두어, 6명은 러시아어, 4명은 아랍어로 말합니다. 하지만 이들을 모두 합해도 겨우 마을 사람의 절반밖에 안 됩니다. 나머지 반은 벵골어, 포르투갈어, 인도네시아어, 일본어, 독일어, 프랑스어, 한국어 등 다양한 언어를 씁니다.(중략)

20명은 영양실조고 1명은 굶어 죽기 직전인데, 15명은 비만입니다.

이 마을의 모든 부 가운데 6명이 59%를 가졌고, 그들은 모두 미국 사람입니다.

또 74명이 39%를 차지하고 겨우 2%만 20명이 나눠 가졌습니다.

이 마을의 모든 에너지 중 20명이 80%를 사용하고 있고, 80명이 20%를 나누어 쓰고 있습니다.

75명은 먹을 양식을 비축해놓았고 비와 이슬을 피할 집이 있지만, 나머지 25명은 그렇지 못합니다

17명은 깨끗하고 안전한 물을 마실 수조차 없습니다.

은행에 예금이 있고 지갑에 돈이 들어 있고 집 안 어딘가에 잔돈이 굴러다니는 사람은 마을에서 가장 부유한 8명 안에 드는 한 사람입니다.

자가용을 소유한 자는 100명 중 7명 안에 드는 한 사람입니다.

마을 사람 중 1명은 대학 교육을 받았고, 2명은 컴퓨터를 갖고 있습니다.

그러나 14명은 글도 읽지 못합니다.(중략)

〈세계가 만일 100명의 마을이라면〉(이케다 가요코 지음, 국일미디어 펴냄)

Kim Myunghwan Life Story

제 9 장

창업주의 정신력으로
직원을 양성하라

| 제9장 | 창업주의 정신력으로 직원을 양성하라

22일부터 25일까지 태국 여행을 즐기고 있다.

1년 전부터 준비해 부부 동반으로 임직원들과 함께 태국으로 송년 여행을 떠났다.

모두가 기뻐서 어쩔 줄 몰라했다. 송년의 밤 행사는 MC가 이벤트 사회를 어찌나 재미있게 보는지 너무 화려하고 즐거운 파티가 되어 흐뭇했다.

아쉬웠다면, 비행기를 두 대로 나누어 탑승했기에 덕신하우징의 결속력이 떨어질까 봐 걱정했다는 점뿐이었다. 이 행사는 돈이 많거나 돈을 충분히 벌어서 추진한 것이 아니었다. 사장과 직원과의 약속이 무엇보다 중요하고 소중한 경영의 한 방식이기에 어렵더라도 행사를 진행하게 되었다. 다시 이런 기회가 주어진다면 하와이에서 하고 싶다.

- 2006년 12월 25일 일기

기축년을 보내고 경술년을 맞이하며, 내 나이도 60이 되는구나. 회사 창업을 300만 원 종잣돈으로 시작한 지도 30년이 되는 역사 속에서 경술년에는 사장 자리에서 물러나 더 큰 미래로 세계로 철강 유통 혁신을 위해 남은 체력을 쏟아붓고자 한다. 사장을 이양하는 마음이 그저 편치만은 않지만 그래도 옆에서 지켜보기 때문에 문제없을뿐더러, 스틸종합유통의 대혁명을 총괄지휘 및 성공하려면 별 도리가 없기에 사장을 선임하게 됐다.

한편으로는 섭섭하고 걱정도 따르나 결정한 이상 밀어붙여서 인사개혁을 단행하는 것도 경영의 한 줄기다. 금년은 필리핀 마닐라에서 송년 여행과 송년회가 있었다. 일대일 시무식, 사장 인수인계 등 굵직한 행사를 무사히 마치고 귀국해 첫 임무는 스틸 기지인 군산에서 단배식을 하고 밤늦게 올라왔다. 2015년 그룹 매출 1조 원 목표를 세웠기 때문에 정신 바싹 차리고 30년 전 개업 정신으로 정신 무장해야 성공한다고 거듭 다짐하며 새해를 맞는다. 더 열심히 더 열심히 살아가면 성공은 그냥 이루어지는 것이 아니라 노력에 보답을 받을 것이 당연한 원리 아니겠는가?

- 2010년 1월 4일 일기

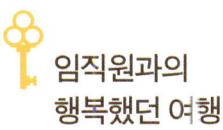
임직원과의 행복했던 여행

전 직원과 함께 여행을 한 행복한 추억이 있다.

2005년 12월 30일부터 1월 1일까지 제주도로 부부 동반 송년 여행을 떠난 것이 시작이었다. 천안공장을 오픈한 첫해였는데, 사업이 굉장히 잘됐다. 2002년부터 회사가 고속 성장해 30억~40억 원의 매출을 올렸기에 김포공장을 천안으로 이동했다. 직원들에 대한 고마운 마음에 부부 동반 제주 여행을 추진했다.

2006년에 떠난 태국은 임직원들과의 첫 번째 해외여행지다. 12월 22일부터 25일까지 성탄절 기념으로 첫 여행을 떠났다.

2009년 12월 31일부터 2010년 1월 3일까지는 필리핀으로 골프 여행을 갔다. 1대 대표이사 첫 취임식과 송년회, 2010년 시무식을 겸한 여행이었다. 신정 연휴에 같이 가면 좋을 것 같아 직원들과 부부 동반으로 추진하고 국내외 협력사를 초대해 아마추어 골프 대회도 진행했다.

막상 대표이사를 선임했을 때는 서운해서 엉엉 울면서 넘겨줬다. 자식에게 대표이사를 물려줘도 서운하겠다 싶었다. 이제 힘 없다고 주위 사람들이 놀려서 감정이 북받치기도 했고, 스스로 결정했지만 회사 일을 줄인다는 것이 섭섭했다. 회사에서 내 권한을 줄인다는 각오는 딸을 시집보내고 서운한 것과 비슷했다. 대표이사를 남에게 맡기면 아무래도 오너로서는 힘이 빠진다. 결제 권한이 대표이사에게 넘어가고, 법률적으로도 대표이사가 모든 것을 책임진다. 하지만 지금은 더 이상 서운하지 않다. 요즘 나는 투자 결정, 인수인계, 해외 법인, 공장 확장 등 큰 정책만 결정한다. 이제는 대표이사가 둘이나 있으니 든든하다.

오너와 대표이사로서 마음가짐은 아무래도 다를 수밖에 없다.

대표이사라면 작은 회사일 때는 성장해야 하기에 일을 잘하는 능력자여야 하고, 회사가 기반을 잡고 브랜드를 확립했을 때는 오너에 대한 충성심을 가져야 한다. 오너에게 충성심이 없는 CEO는 보편적으로 좋지 않은 행동을 한다. 아부도 하고, 오너가 인정하는 직원을 비판하고 솔직하게 직언하지 않는다.

회사에 대한 충성심과 오너에 대한 충성심은 다르다. CEO가 오너를 신뢰하면 회사에도 충성심을 갖는다. 그 반대라면 나중에 오너가 맥을 못 추게 된다. 오너에게 충성심이 있는 CEO라면 오너의 자존심을 세워

> 안녕하십니까?
>
> 덕신하우징 대표이사 김명환입니다.
>
> 먼저 송년여행을 가족과 함께 하고자 예약까지 해놓고 못 가게 된 점 진심으로 송구스럽게 생각하며, 기묘년에는 반드시 그 약속을 이행토록 하겠습니다.
>
> 지난 한 해 고생 많이 하셨는데, 새해에도 경영환경이 불투명해 고통분담의 한 해가 될 것 같습니다. 이로 인해 덕신 가족들이 그 어느 때보다도 바빠질 것으로 보여 가정에 소홀히 하게 되는 일도 많을 것 같습니다. 더 윤택한 내일을 위해 같이 고생하는 것이니 만큼 말씀 한 마디라도 따뜻하게 해 주시기 바랍니다.
>
> 세상이 다 망해도 저희 덕신만큼은 감원 없는 회사로 키워 나간다는 것이 저의 경영철학입니다. 덕신을 믿고 함께 해 주신다면 그 성과와 미래를 같이 해 나갈 것입니다.
>
> 끝으로 작년 여행경비(415,000원)를 보내드리오니 조촐하나마 마음으로 받아 주시고, 같은 한 식구로서 새해의 비전을 힘차게 시작합시다.
>
> 늘 집안에 두루 평온과 행운이 함께 하시길 바랍니다.
>
> 2009년 1월 7일
>
> ㈜덕신하우징 대표이사 김명환 올림

주면서 조용히 직언할 것이다. 바른 말을 하는 것이 CEO의 중요한 역할이다.

임직원과의 여행은 2013년 백두산을 시작으로 2014년 독도, 2019년 중국 상하이로 확대됐다. 이때부터는 임직원뿐 아니라 가정형편이 어려운 아이들과 함께 가기 시작했다.

8·15 광복절을 맞아 백두산에 갔을 때는 아이들이 이질에 걸려 큰 고생을 했다. 8월 14일 백두산에 폭우가 내렸고, 아침에 일어나니 중국 호텔 객실에서 황토 물이 나왔다. 호텔 식사도 엉망인 데다 황토 물로 양치질을 한 아이들이 이질에 걸린 것이다. 다행히 한의사들이 있어서 급하게 진료한 뒤 8명을 병원으로 이송했다. 아이들이 아프니 비행기

▲ 2006년 12월 전직원 부부동반 태국 송년여행에서 기념 촬영

▲ 2006년 임직원들과 부부 동반으로 다녀온 태국여행에서의 사진들

▲ 2013년 덕신하우징 초청 어린이 백두산 탐방

▲ 2014년 광복절기념 독도탐방

덕신학우회 김명환 회장님께

회장님 그 동안 안녕하셨습니까?

기억을 잘 못하실수도 있으시겠지만 저는 작년 겨울 회장님께서 주최하신 독도탐방 행사에 참여했던 이대엽 이라는 학생입니다.

제가 드리고 싶은 얘기는 다름이 아니라 그때 주최하신 독도탐방에 너무 감사를 드리고 싶습니다. 독도로 가는 여정과 독도에서 약간 힘든일이 있었지만 그 시간이 제겐 아깝지 않고 오히려 더 유익하고 무언가를 더 많이 얻어가고 배워가는 좋은 시간이었습니다.

다음 번에도 회장님께서 주최하신 행사가 있다면 기회가 된다면 다시 한번 참여해 보도록 하겠습니다.

저는 이제 건강하게 중학교에 입학 할 예정인데 회장님께서는 편찮으신 곳 없이 잘 지내시지요? 그때 회장님께서 제게 미래에 대한 얘기나 교훈을 많이 주셨는데 전 아직도 좋은 말들을 새겨담고 있습니다.

이제 새해가 된 지 2개월 정도 되었지만 날씨가 쌀쌀합니다. 편찮으시지 않게 몸 관리를 잘하시고 올해도, 앞으로도 건강하시고 행복만이 가득 하셨으면 좋겠습니다.

그럼 이만 안녕히 계십시오.

오식도 초등학교 6-1 이대엽 올림

▲오식도 초등학생이 보낸 편지

상하이에서 바라본 대한민국

매년 8월 15일에는 광복절을 기념해 '나라 사랑 캠페인'을 펼치고 있다. 그간 소외계층 아이들과 협력업체, 대리점을 초대해 백두산 탐방, 독도 탐방 등을 진행했다.

2019년 광복절에는 대한민국 독립운동지인 중국 상하이에서 어린이 300명을 초청해 2박 3일간 역사문화 탐방 기회를 제공했다. 초청한 어린이 중에는 독립유공자 고손·증손, 나라 사랑 공모전을 통해 선발한 아이들도 있었다. 이것이 우리가 추구하는 나라 사랑과 동반 성장 철학이다. 상하이에서 좋은 추억을 많이 만들었다. 대한민국 상하이임시정부와 관련한 장소를 방문했고, 현지 문화도 경험했다. 중국 교민 중 상하이임시정부 요인의 후손 두 명에게 금일봉을 전달하기도 했다. 그분들도 울고, 나도 울었다. 타지에서 그간 얼마나 고생이 많았을까 생각하니 눈물이 멈추지 않았다.

호패중 씨는 건국훈장 독립장을 추서받은 오영선 지사의 손자다. 오영선 지사는 상하이에

▲ 2019년 덕신하우징 광복절 상해 역사문화탐방에 참여한 어린이들이 상해로 출발하는 비행기 안에서 손을 흔들고 있다. 아시아나항공 전세기 두 대를 계약해서 인천-상해 왕복 비행기 안에는 우리 인원들만 탑승하도록 했다.

서 독립운동촉진회를 조직하고 임시정부 법무총장, 국무원 비서장, 외무장 등을 역임했다. 부부 독립운동가로 이의순 선생의 남편이자 임시정부 이동휘 선생의 사위라고 했다.

최위자 씨는 건국훈장 독립장에 추서된 최중호 지사의 손녀다. 최중호 지사는 독립운동가 동맹조직 부장으로 항일투쟁, 군자금 모집 활동을 하셨고, 상하이인성학교장, 거류민단장을 역임했다. 대사관에서 추천한 분들인데, 만난 자리에서 너나없이 눈물바다를 이룬 기억이 난다.

그간 상하이임시정부는 여러 번 갔는데, 홍구공원(虹口公園)은 첫 방문이었다. 루쉰공원(魯迅公園)이라고도 불리는데, 소설가 루쉰의 묘와 기념관이 있기 때문이다. 아이들과 역사 공부를 하면서 둘러보니 더

▲ 2013년 덕신하우징 광복절 상해 역사문화 탐방 ▲

▲ 덕신하우징 상해 행사때 찾아준 최영삼 　　　▲ 상해 행사때 뉴스 방송 인터뷰를 하며
　 대한민국 상해 총영사관

욱 좋았다. 이 공원은 윤봉길 의사가 일본 고관에게 폭탄을 던진 곳으로, 윤봉길 의사 생애사적전시관이 있다. 백두산에서 고생한 기억 때문에 이번에는 한국에서 물을 가져갔다. 학생들을 초대할 때 양호 선생을 10명에 한 명씩 붙여주고, 간호학과 학생들도 데리고 갔다. 수시로 아이들의 혈압을 체크하고 체온을 쟀다. 그래서 상하이에서는 아이들이 아프지도 않았고, 진행도 훨씬 수월했다.

상하이는 참여한 학생이 많은 만큼 대전에 유스호스텔을 얻어 하룻밤 자고 새벽에 버스를 타고 인천공항에 갔다. 한국에 돌아와서도 귀가 시간이 애매해 하루 더 대전에서 묵었다. 돈으로 해결되는 문제가 아니었다. 모두들 고생이 많았다.

상하이 여행에 어린이 300명을 초청하면서 소외계층 아이들을 반 이상 포함시켰다. 아이들 상당수가 보호자가 없거나 한 부모 또는 조손가정 아이들이었다. 그런데 중국에서 갑자기 한국 비자 요건을 강화해 아이들에게 많은 서류를 요구했다. 여권, 사진, 비자
신청서 등 기본
서류 외에 양부모의 기본 증명서, 어린이 가족관계증명서를 제출해야 했다. 한부모 가정, 이혼가정, 조손가정 아이들은 여기에 더해 친권자 기본 증명서, 친권자 혼인관계증명서가 필요했다. 부모와 연락이 닿지 않는 아이도 많았다. 난생처음 해외여행 갈 생각에 기분이 들떴을 텐데, 서류 마감까지 부모를 찾지 못해 비자 발급이 되지 않은 아이가 많아 마음이 아팠다. 복지관이나 학교 선생님들도 서류를 준비를 도우면서 많이 안타까워했다.

상하이에 갈 때 아시아나항공기 두 대를 전세 내어 우리 일행만 타고 갔다. 아시아나항공사 역사상 처음 있는 일이라고 했다. 기내 방송

에서는 "덕신하우징 상하이 광복절 역사문화 탐방 행사 참가자 여러분, 반갑고 환영합니다"라는 멘트가 흘러나왔다.

애초에 상하이 음악회로 추진했지만, 중국의 사드 한한령 때문에 공연 허가가 나지 않아 좌절된 아쉬움이 있다. 당시 한 방송사와 송출 계약도 맺고 아이돌 그룹과 뮤지컬 배우도 섭외할 간큼 적극적으로 준비했지만, 시진핑 주석의 고집을 넘지는 못했다.

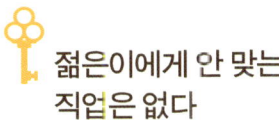
젊은이에게 안 맞는 직업은 없다

개천에서 용난다는 말이 안 통한다는 시대라고 한다. 대신 '개천에서 용쓴다'라는 조소 어린 말이 대신하고 있다. 하지만 나는 이 말을 믿지 않는다. 대당초 노력 자체를 평가절하하는 뜻일 뿐이다. 물론 시대는 다르지만 나도 가난한 집에서 태어나 성공했다. 노력한 덧가를 받은 것뿐이다.

후배의 아들이 서른세 살인데, 취직도 안 하고 박사 과정을 밟고 있다는 말을 들으니 답답했다. 젊은이에게 안 어울리는 직업은 없다. 대학 전공도 마찬가지다. 어머니 뱃속에서 타고나는 천직은 없다. 나 직업은 스스로 만들어가야 한다. 스스로 노력해서 명(名)자가 붙어야 한다. 명가수, 명곡, 명주, 명품, 명장처럼 말이다. 최선을 다해 노력했는데도 안 되면 다른 일을 찾으면 된다. 나는 사업가가 된 것을 한 번도 후회해본 적이 없다. 물론 힘들다고 생각한 적은 있다. 욕심만 버리면 되는데, 그렇지 못해 힘들었던 것이다. 사업을 하면서도 욕심을 안 부리면 조금 덜 힘들었을 것이다. 사업을 하지 말 걸 하는 후회를 한 적도 없다. 정치인도 마찬가지다. 한번 칼을 뽑으면 끝까지 최선을 다해야지, 1선 하고 말면 안 된다. 물론 최선을 다해도 좋은 결과를 얻지 못한다면, 직업을 바꾸는 것도 방법이다.

요즘 젊은이들은 워라밸(워크와 라이프의 밸런스)을 추구한다고 들었다.

선택은 자유다. 하지만 성공하거나 부자가 되고 싶은 사람이라면 워라밸을 말하면 안 된다. 그날 벌어 그날 쓴다는 이중적 가치관으로 사회생활에 성공할 수는 없다. 부자가 되기 위해서는 신념이 필요하다. 건강관리에도 순서와 신념이 있다. 건강하게 오래 살고 싶다면서 건강관리를 하지 않는다면 앞뒤가 안 맞는다. 강남에 아파트를 갖고 싶다면 자산 관리를 어떻게 할지 계획을 세워야 한다.

일 중독자로 살기 싫다면, 부자가 될 욕심을 버려야 한다. 워라밸이 잘못된 삶은 아니다. 나쁜 짓을 하는 것도 아니다. 다만 고급 아파트, 고급 여행, 고급 취미를 갖고 싶으면서 워라밸을 추구하고 워커홀릭을 비웃으면 안 된다는 것을 말하고 싶다. 적당히 일하면서 여행도 하고, 비싼 아파트에 살 수 있으면 좋겠지만 세상은 그렇게 말랑말랑하지 않다.

이제는 10년이 아니라 5년, 3년 주기로 시대가 빠르게 바뀌고 있다. 이런 세상을 어찌 편하게 헤쳐나갈 수 있을까. 정해진 시간 그리고 딱 월급만큼만 일하겠다는 젊은이들은 다른 사람을 비판하는 대신 자신의 미래 계획을 세워야 할 것이다.

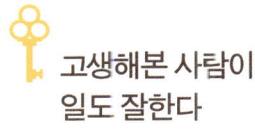 ## 고생해본 사람이 일도 잘한다

예전에는 임직원을 뽑을 때 직접 면접에 참관했다.

나는 면접을 볼 때 정신력을 우선시한다. 그동안 일해본 경력과 취미, 아르바이트 경험을 물어본다. 제조 공장에서 일했다면 일단 높은 점수를 준다. 아르바이트를 해서 학비를 벌어본 젊은이들은 부잣집 자제와는 정신력에서 차이가 날 수밖에 없다. 고생을 한 번도 안 해본 사람들은 대부분 인성이 부족하다는 것이 느껴졌다. 학력은 보지 않는다. 좋은 집안에서 자라 좋은 대학 나온 젊은이 중 많이 이들이 힘든 환경에 처하면 약한 정신력을 보였다.

첫인상도 중요하다. 살아보니 처음 만났을 때 눈매가 매서우면 헤어짐이 안 좋았다. 날카롭고 살기 있는 눈매는 결과가 안 좋다. 직원들의 셔츠 팔목을 걷어 문신이나 흉터가 있는지도 확인했다. 산전수전 겪으면서 고희에 이르니 내가 본 첫인상이 100% 맞는다고 자신한다.

하지만 대화를 나눠 보면 나은 사람이 되고자 노력하는 것이 느껴져 속아주는 경우도 있다. 인상은 비록 매섭지만, 정을 주면 사람이 바뀔 줄 알았다. 하지만 바뀌지 않는 사람은 언제나 있기 마련이다.

사회생활을 할 때도 마찬가지다. 부유하고 학식이 높은 사람이 더 돈을 안 쓰고 차갑다는 생각을 종종 한다. 이상하게도 그런 부류의 사람들은 청탁도 더 자주 한다. 항상 나에게 얻어먹는 사람들이 나보다 옷도 비싼 것을 입는다. 그러면서도 여러모로 신세 진 나에게 밥 한 끼 사주지 않는다.

갚을 성향의 사람이라면 언제라도 꼭 갚고 만다. 오늘 그에게 밥 한 끼 샀다면, 자신이 다음에 사겠다고 인사치례는 하면서 연락이 없는 사람은 여운이 좋지 않다.

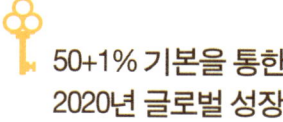
50+1% 기본을 통한 2020년 글로벌 성장

모든 직원이 각자 맡은 일의 50%만 해내도 회사가 크게 성장할 수 있다.

인간은 신이 아니기에 100%를 기대하지는 않는다. 회사를 인수하는 데, 주식을 50% +1주만 가지면 경영권을 차지할 수 있다. 그래서 올해의 슬로건은 '50+1% 기본을 통한 2020년 글로벌 성장'으로 정했다.

물론 100% 맡은 일을 다하는 직원도 있고, 150% 일하는 직원도 있으니 서운할 수도 있겠다. 일반 직원들은 착한 것보다 일 잘하는 것이 좋고, 임원은 일도 잘해야 하지만 마음씨가 착한 것이 더 좋다. 착하지 않은 사람은 눈빛에 살기가 돌아 소통하기가 어렵다.

'기본'이라는 것은 말 그대로 회사 업무의 기본을 뜻한다. 천안공장에 250명의 직원이 근무하는데, 점심시간 12시가 되면 벨이 울린다. 그렇다고 다들 기계 돌리던 것을 갑자기 끄면 사고가 날 수 있으니 조심해야 한다. 그런데 공장에 가보면 12시가 되기도 전에 이미 식당 안에 다 들어와 있다. 그럼 과연 몇 시에 기계를 끈다는 말인가. 직원이 100명이면 기계 하나 끄는 데 1분씩 100분이 소비된다. 혼자서는 공장 기계를 다 못 돌린다. 직원들이 작은 일에서부터 기본을 지켜주기를 바란다. 베트남 법인까지 합치면 전 직원이 500명 정도다.

다음 해외 법인으로는 우리나라 기업이 많은 필리핀, 태국, 사우디아라비아를 고려 중이다. 일단 우리나라에서 검토하는 데만 3년 이상 걸리고, 주재원들이 현지에 들어가 논의하는 데 6년이 걸린다. 검토만 10년이 걸리는 셈이다.

짧게 준비하면 큰일 난다는 의미다. 사업가라면 돌다리도 두드려보고 건넌다는 속담을 잊지 말아야 한다. 투자금이 크지 않으니 작은 카페라도 쉽게 창업할 마음을 먹으면 큰일 난다. 카페를 개업할 때도 새벽부터 오밤중까지 그 동네 유동인구를 체크하고, 자동차가 얼마나 오가는지도 잘 살펴봐야 한다.

사업가는 몸이 두세 개는 되어야 하고, 눈과 귀는 수천 개가 필요하다. 다행히 나는 사업 감각은 훈련되어 있으며, 오랜 경험에 의해 습득한 것도 있다. 그간 결정한 것을 보면 적중력에 감탄이 나올 정도다. 얼마 전 임원 회의를 하면서 2020년 10월에 큰 투자를 해야겠다고 제안했다. 4월에는 발주해야 하니 사전 준비를 요청했다. 임원들은 놀라서 지금도 투자가 과잉이라고 했다.

내가 판단 실수를 한 것이 아니라 다음 해외 법인에 활용할 수 있다고 설명하니 다들 동감해주었다. 그 기계는 오스트리아에 발주를 내면 완성하기까지 10개월이 걸린다. 그러니 지금 주문해서 2~3년 후 결정될 해외 법인 국가에 배치하면 된다. 고가의 기계가 고철이 되지 않게 하려면 예리한 판단이 필요하다.

물론 임직원이 모두 반대하면 무턱대고 밀어붙이지는 않는다. 정책을 다시 더듬어보고 그렇지 않다면 논리 정연하게 설명한다. 예전에는 독재적 경영이 흔했다. 나의 멘토인 동신상사 정 사장도 사실상 독재

경영을 했는데, 임직원의 조언을 전혀 듣지 않았다. 임직원한테는 늘 시키는 일만 잘하면 된다고 했다. 경영자는 임직원들이 무엇을 원하는지 알아야 한다. 청와대도 국민이 무엇을 요청하는지 알아야 한다. 국민의 눈높이를 알아야 한다. 덕신은 머지않아 수출 전용 공장을 두어 남아메리카 대륙까지 진출할 것이다. 세계 넘버원 데크플레이트 기업으로 자리 잡아 외화를 벌어들일 것이며, 좁은 국내시장은 점차 후발 업체에 양보할 것이다.

술과 담배를 안 하는 이유

예전엔 담배를 피웠지만, 술은 마시지 않았다.

한번은 스무 살부터 예순 살까지 40년간 2500원짜리 아리랑 담배를 매일 피울 때의 비용을 계산해봤다. 4억7000만 원이었다. 그래서 나는 스무 살에 군대 가면서 일기장에 각오를 쓰고 담배를 딱 끊었다.

40년 동안 매일 호프집 가서 술 마시고 담배 피우는 사람이 집 한 채 못 샀다고 투정 부리면 안 된다. 술, 담배를 끊으면 집 한 채 사고도 남는다는 것을 알아야 한다. 술, 담배를 안 하면 월급쟁이들은 10억 원을 절약할 수 있다. 건강까지 따지면 더 큰 가치가 있는 비용일 것이다.

어릴 때 정월 대보름날 꽹과리 치면서 고사 지내는 무리를 따라다닌 적이 있었다. 그들과 함께 춤도 추고 동동주도 얻어 마셨는데, 달콤하고 맛있었다. 동동주를 마시고 집에 가는데 논두렁의 움푹 파인 곳에 누우니 따뜻해서 잠이 왔다. 분명 해가 떠 있을 때 잠들었는데, 눈을 떠

보니 어둑어둑했다. 겁이 더럭 난 나는 그 후 다시는 술을 마시지 않게 되었다.

아버지가 장날만 되면 곡식을 팔아 술을 많이 드시고 와서 엄마와 싸운 것도 한몫했다. 엄마는 들에 가서 일하고 아버지는 술 마시고 싸우는 모습이 참 보기 싫었다. 이제는 술을 마셔보려 해도 골치가 아프다. 접대할 때는 마시는 척하면서 쓰레기통에 부어버리곤 했다.

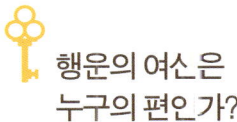
행운의 여신은 누구의 편인가?

사업이 성공하니 어느 순간부터 사람들은 나에게 돈복을 타고났다고 했다. 나는 돈복이라기보다는 일복이라고 말하고 싶다. 일복은 돈복을 포함한 건강, 장수 등 모든 '복'의 출발이자 근원으로 본다.

다만 일복을 갖기 위해서는 하는 일이 즐거워야 한다. 그러면 일복을 얻게 되는 것이고, 일복을 차지하면 돈복은 자동으로 따라오는 이치다. 돈복을 타고나면 건강복도 따라온다. 그렇게 건강복을 타고나면 장수복도 차지하게 되는 것이다. 그래서 모든 '복'은 엄마 뱃속에서 타고나는 것이 아니라, 일을 즐겁게 여기는 마음가짐대로 타고나는 것이라는 게 나의 생각이다.

사람은 신념이 있어야 한다. 운이라는 것은 인정할 수 없다. 나는 운을 부정하는 사람이다. 세상에 운은 없다. 로또 당첨은 운이 아니냐고? 몇십 년간 로또를 사면 그만큼 확률이 높아진다. 로또 10억 원 당첨도 사실상 노력이다. 그 한 장을 맞추기 위해 매주 로또를 구입하며 노력했을 것이다.

부동산도 마찬가지다. 집 투기, 땅 투기도 노력이 필요하다. 조물주가 세상을 그렇게 만들어놓았다. 노력 없이는 잘될 수 없다. 공부도 마찬가지다. 밤을 새워서라도 공부를 해야지, 백일기도가 무슨 소용인가. 모든 것이 노력의 결실이다. 운이 좋아서 수능 100점 만점을 맞는 것이 아니다. 뿌린 대로 거둔다는 옛말은 속담이 아닌 진리다. 무엇이든 내가 한 만큼 대가를 받기 마련이다. 노력도 안 하고 대통령 탓만 하면 안 된다. 행운은 내가 만드는 것이다. 노력하다 보면 행운이 따라오기에, 내가 노력한 대가를 받는다고 믿는다.

대통령님께 건의드립니다.

아침마다 신문도 열심히 읽으며, 젊은이들 못지않게 나라 돌아가는 일에 관심이 많다.

몇 해 전 대통령님에게 편지를 보냈는데, 아직 답장을 받지 못한 아이디어가 있다. 너무 획기적이라고 할 수도 있겠지만, 다시 한번 편지를 보내 의견을 제안하고 싶다. 초등학교를 3년제로 줄이자는 아이디어다. 이미 우리 아이들은 초등학교에 가기 전 어린이집, 유치원에서 3년제 교육을 받고 있다는 것에서 출발한 의견이다. 초등학교 의무교육 기간을 줄여 사회생활을 지금보다 빠른 나이인 스무 살에 시작하게 하면 교육비도 절감하고 사회생활도 더 오래 할 수 있다. 그러면 모두가 일석이조가 아닐까 하는 마음이다. 이번에도 답장을 받지 못할 수 있겠지만, 그래도 다시 한번 편지를 보내고 싶다.

대통령님께 건의드립니다.

우리나라에서 작은 제조업을 경영하고 있습니다. 정규 교육이라고는 초등학교밖에 마치지 못했고, 고등공민학교를 다녔기 때문에 남달리 교육 행정에 관심이 많습니다. 최근에 교육 정책을 개선하기 위해 아이디어가 생겨 이렇게 두 가지를 건의드리고자 합니다.

1997년 IMF 사태라는 국가 위기 때 사회 전반에 걸친 구조조정으로 한창 열심히 일해야 하는 직장인들이 많이 도태되었습니다. 직업도 소득도 없어진 이들에게 무분별하게 발급된 신용카드로 인해 범죄가 발생하고 국가 경제도 위협받는 지경에 이르렀습니다. IMF의 구조조정은 지금도 진행되고 있으며, 우리 회사도 마찬가지입니다. 직장인의 조기 정년, 조기 은퇴 현상은 실로 안타까운 현실이기에, 이러한 상황을 타개할 수 있는 아이디어를 제안드리고자 합니다.

첫 번째, 초등학교 교육을 3년제로 바꾸어주십시오.

이렇게 하면 우리나라가 겪고 있는 사회경제적 문제를 해결하는 데 큰 도움이 될 것이라고 생각합니다. 청년 실업, 조기 퇴직 현상을 상당 기간 지연할 수 있습니다. 요즘 아이들은 어린이집, 유치원 등을 3년 다니다 초등학교에 입학하고 있습니다. 이에 초등학교 저학년 수준은 이미 유치원에서 교육받을 수 있으니 초등학교 과정을 축소하는 것이 적합하다고 생각합니다. 대학을 졸업해서 사회인으로 취직하는 연령을 낮추어야, 추후 직장생활을 3년 더 할 수 있게 됩니다.

또, 우리나라 교육 예산을 절감하고 가계를 윤택하게 할 수 있습니다.

초등학교에서 대학교에 이르는 교육 기간을 현재의 12년에서 9년으로 줄일 수 있으니, 이에 소요되는 예산을 줄일 수 있습니다. 헤아릴 수 없을 정도의 엄청난 사교육비도 줄어 지출도 축소할 수 있을 것입니다.

청소년의 정신 건강에도 큰 도움이 될 것입니다. 현재 중·고등학교에 다니는 사춘기 청소년들은 보다 성숙한 예비 사회인으로 교육받으며 정신적으로 성숙해질 수 있습니다. 청소년들의 가치관 혼란과 학업에 의한 스트레스는 상당 부분 감소할 것이라고 여겨집니다.

마지막으로, 대학 교육과 국방 행정의 효율을 높일 수 있습니다. 현재는 수학능력시험을 거쳐 대학에 진학한 젊은이들이 2, 3학년이 되면 군에 입대하기 때문에 학년별 재학생 숫자가 불규칙해서 교육 예산의 지출과 군입대 인원수를 결정하는 것이 모호해집니다. 하지만 초등학교 과정을 3년으로 줄이면 대부분 대학 졸업 후 군복무를 하게 되므로 교육 인원의 안정적 관리가 가능하고, 군 가용 자원 관리에 큰 도움이 될 것입니다. 기업에서도 군 전역 후 바로 채용한 젊은이들의 입사로 인해 조직 생활에 적응한 건강하고 건전한 신입사원을 채용할 수 있어 일석이조의 효과를 거둘 수 있을 것입니다.

물론 초등학교 과정을 단축하는 일은 쉽지 않을 것입니다. 초등학교 교직원이 담당하는 학생 수를 줄여서 보다 질 높은 초등학교 교육을 실행할 수 있도록 하는 것은 어떨지요? 교육은 백년대계가 아니라 천년, 만년대계라는 관점에서 접근하시어 모두가 잘 사는 나라로 만들어주시기 바랍니다. 국민 소득 3만달러가 넘어 4만 달러 달성에도 큰 도움이 될 것입니다.

두 번째, 수도권에 중소기업 수출 전용 센터와 항만을 만들어주시기 바랍니다.

중소기업이 세계시장에 물건을 팔기란 창업하는 것보다 어렵습니다. 글로벌 경쟁력이 충분하지만 국가별 가이드나 해외시장 정보 접근에 한계가 있어 날개를 펼치지 못하는 중소기업이 많습니다. 농가 주택

도 태풍, 홍수 등 자연재해나 가축 전염병의 피해를 입으면 정부 지원이 되는데, 하물며 나라 산업의 기초가 되는 중소기업의 수출을 지원하는 것은 정부로서 반드시 해야 할 일로 여겨집니다.

　중소기업 전용 수출센터와 전용 항만을 만든다면 중소기업이 새로운 수출 주역으로 나라 경제의 주축을 담당할 것이며, 국민소득 4만 달러 글로벌 상위권의 경제 대국으로 세계에 우뚝 설 것입니다.

　나라의 발전과 국민의 행복을 위해 개인적인 의견을 건의드린 것이니 부디 검토해주시기 바랍니다. 대통령 각하의 건승을 기원합니다.

　ps : 우리나라는 국토가 좁아서 농업으로는 세계 강국이 되기 어렵습니다. 이미 공업국가로 국민소득 3만불 시대를 만들었습니다. 지금 뉴딜정책도 좋고, 반도체 강국도 좋지만 중소기업과 함께 산업일꾼으로 일한 경험을 돌아보면, 중소기업 전용수출공단을 만들어 5,000만 국민과 함께 세계 무대를 누벼야 경제대국 코리아를 통해 통일조국도 만들 수 있다고 생각합니다.

　　　　　　　　　- 2004년 8월 1일 덕신하우징 무봉 김병환

Kim Myunghwan Life Story

제 10 장

미래 방향을 설정하라

| 제 10 장 | **미래 방향을 설정하라**

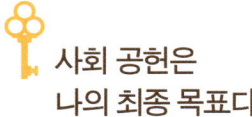
사회 공헌은
나의 최종 목표다

나눔의 사회가 형성될 때 통일도 가능하다.

성공한 사람은 사회에 보답하고, 소외계층에 행복을 환원하는 것은 당연하다. 2세 경영자한테 많게는 700억, 적게는 500억을 증여세 없이 승계할 수 있지만, 어디 작은 돈인가. 자식한테 물려주고 싶지 않은 사람이 있을까? 경영자라면 마음 가는 대로만 살아가야 하는지 고심할 필요가 있다. 남들 사는 방식에서 벗어나 건강한 나라를 만드는 데 일조해야 한다. 그래야 꿈나무들이 무럭무럭 자라 나라의 기둥이 되어 통일된 조국, 잘 사는 국가를 만든다고 확신한다. 이런 신념을 바탕으로 사회 공헌 활동을 펼치면서 2016년 대한민국 나눔대상에서 보건복지부 장관상, 2016년 행복한 중소기업경영대상에서 산업통상부장관상을 받았다. 2020년에는 국토교통부 장관상을 받았다. 10여 년간 후원한 금액은 30억 원이 넘는다. 올해 10월 행사가 예정된 '대한민국 나눔대상'에 2016년도에 이어 또 한번 후보에 올랐다는 연락을 받았다. 선행은 모르게 하라고 하지만, 좋은 것은 많이 알려야 우리 청년들도 보고 배워 더 많은 나눔을 실천할 수 있을 것이라고 본다.

임직원도 적극적으로 동참하고 있다. 임직원이 자발적으로 참여하는 매칭그랜트 방식으로 불우이웃 성금 모금 프로그램을 운영하고 있다. 임직원 월급의 '끝전 모으기'로 1년에 1000만 원 이상 모을 수 있기에 이 성금을 덕신하우징 사업장 주변인 서울, 천안, 군산 내 복지 단체에 기증한다. 끝전 모으기는 월급의 맨 끝자리 금액을 모으는 것이다. 또한 희망자에 한해 매월 급여에서 불우이웃 성금에 대한 희망 나눔 금액을 선공제한다. 이 역시 기부금으로 누적되어 소외된 불우이웃과 소년소녀 가장에게 성금으로 기탁한다.

2014년 한 직원의 부인이 암에 걸렸다는 소식이 전해지자, 사내 모금을 거쳐 수술비를 지원한 적도 있다. 전 직원이 성금을 모았다. 그리고 5개월 동안 다달이 월급 맨 끝자리 액수의 끝전 모으기 운동을 더해 위로금 2000만 원을 전달했다.

2014년에는 폭설로 피해를 입은 강원도 강릉시 사천면에 긴급 구호물자를 전달했고, 2015년에는 태풍 차바로 인한 울산의 피해 복구 현장에서 봉사 활동을 진행했다. 특히 강원도 민간협력지원과의 협업을 약속해 2019년 속초 산불 피해와 태풍으로 인한 피해 지역에 긴급 구호물자를 전달했다. 2017년에는 사회복지공동모금회와 '착한 일터' MOU 체결을 맺어 매월 100만 원씩 서울 소재 지역아동센터에 후원금을 전달하고 있다.

자원봉사단은 덕신하우징 임직원이 모두 참여하고 있다. 태풍이나 수해, 눈사태가 나면 업무를 중단하고 재난 지역에 급파한다. 직원들도 가고, 일손이 부족하면 사람도 고용한다. 구호물자는 이벤트로 어느 회사나 다 보낼 수 있지만, 직접 현장에 가서 돕는다는 건 쉬운 일이 아니다. 또 방역봉사대를 발족해 드론을 띄워 천안·군산 공장 인근에 분기

별로 방역방제봉사를 벌이고 있다. 올해는 코로나19 사태로 특별히 이에 대한 방역봉사도 실시하고 있다.

봉사와 기부에 대한 젊은 직원들의 소감도 나와 비슷하다. 마음은 받는 것보다 주는 사람이 훨씬 행복하다. 아직까지 봉사의 재미를 모르는 직원도 언젠가는 이런 마음을 이해할 것이다. 아무래도 어린 시절 고생했던 직원은 봉사와 기부에 관심이 크다. 나도 어릴 적 도움을 받았기에 과거를 돌이켜보고 현재를 고마워하는 마음을 지니고 있다. 아직도 우리나라는 겪어보지 않으면 모르는 어려운 점들이 남아 있다. 풍족한 환경에서 자란 재계 회장 2세들이 세상의 어려움을 몰라 기부를 게을리하는 것 같아 안타깝다.

인간의 삶, 만물이 삶은 다 같다. 혼자 살 때가 제일 편하다. 아내도 아마 처녀 때가 젤 마음 편했을 것이다. 지금은 남편 수발하느라, 자녀 돌보느라 힘들 테니 말이다. 회사도 마찬가지다. 회사 인원도 적을 때가 제일 마음 편하다. 지금 우리 회사 인원이 500명 정도인데, 처음보다 500배 힘들지만 500배 더 행복하다. 회사를 늘려가는 즐거움, 처음 공장을 건설했을 때의 즐거움과 행복의 크기가 비례한다. 힘들지 않으면 행복도 없다. 장학금도 한 명과 10명에게 주는 행복감은 매우 다르다. 여러분도 나누는 즐거움을 알게 되기를 바란다.

어린이는 나라의 보배

서울 양천구 사옥 건물 외벽은 실종 아동의 얼굴이 인쇄된 현수막으로 덮여 있다. 내 차에도 잃어버린 아이들의 사진이 붙어 있다. 아무도 자세히 안 볼 수도 있지만, 수년째 이어온 나의 고집이다. 임원의 차와 회사 광고·홍보물에도 실종 아동 정보를 담는다. 이를 계기로 실종 아동에 대한 경각심을 불러일으키고, 한 명이라도 아이를 찾을 수 있다면 얼마나 좋겠는가!

외부 봉사와 기부에만 관심을 갖는 것은 아니다. 사내 복지 정책에도 심혈을 기울이고 있다. 마음이 편안해야 직원들이 일터에서 의욕적으로 일하고, 결국 나라를 지탱하는 선순환이 이루어질 것이다. 요즘 출산율이 한 가정당 한 명도 되지 않는다는 건 전쟁만큼 심각한 문제다. 지금까지 어린이의 미래를 위한 후원에 집중해왔는데, 앞으로 아이들 자체가 태어나지 않으면 큰일이다.

출산율을 높이기 위해, 우리 회사는 첫아이는 500만 원, 둘째는 1000만 원, 셋째는 2000만 원이라는 파격적 출산장려금을 지급한다. 보통 지자체 및 기업체들이 지원하는 출산장려금은 셋째 자녀를 출산할 때

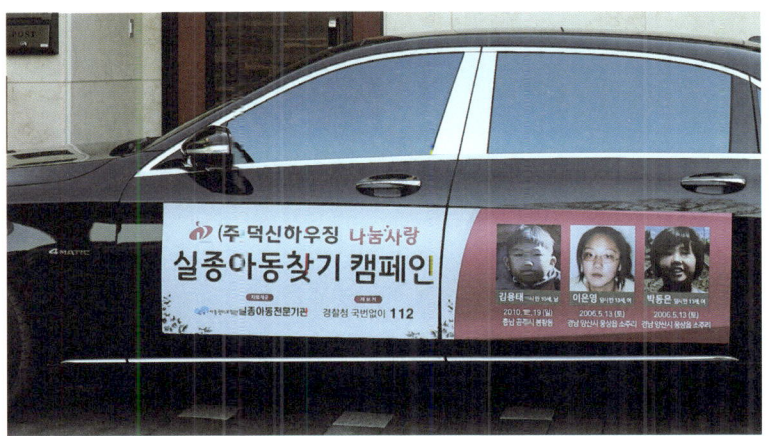

▲ 내 차에는 잃어버린 아이들의 사진을 붙인다

만 높은 금액을 지급하는 형태지만, 우리는 첫아이부터 크게 지원해준다.

생산직 직원에게는 결혼장려금이 더해진다. 근속 2년 이상의 직원에게 무이자 대출 제도를 기존 1500만 원 한도에서 2000만 원 한도로 증액했다. 근속 1년 이상 직원에게는 자녀 학자금을 분기별 43만 원, 대학생에 대해서는 최대 200만 원을 지원한다. 원래 생산직 직원이 결혼하면 무상 기증 축의금 1500만 원, 무이자 대출 1500만 원 총 3000만 원을 지원했는데, 2018년 출산장려금 제도를 신설하면서 2000만 원 무이자 대출 제도로 바꿨다.

학자금 지원은 대기업처럼 규모가 크지 않은 회사로서는 결정하기 어려운 일이지만, 보람을 느낀다. 학자금 지원을 시행함으로써 직원은 안정감 있게 직장생활을 할 수 있고, 인재 채용에도 도움이 된다. 복지는 기업의 기본이다. 우리 회사에서만큼은 경제적 문제 때문에 출산을 꺼리는 일이 없도록 돕고 싶다. 많은 기업이 출산율 문제를 공동의 문제로 생각하고 같이 노력하면 좋겠다.

서울 사옥 내 어린이집 설치도 추진하고 있다. 어린이교육재단의 컨설팅을 통해 장소 선정과 운영 계획을 준비해놓았으나, 뜻밖의 규제로 가로막힌 상태다. 서울 사옥과 도로 건너편 대각선 방향에 주유소가 있는데, 주택건설 기준에 따른 규정에 위반된다는 것이 이유다. 어린이집 등은 위험물 저장 시설로부터 50m 이상 떨어진 곳에 배치해야 한다. 이에 따라 설치 계획을 보류했으나, 최근 저출산 현상이 국가적 문제로 대두되면서 다시 사내 어린이집 설치를 추진 중이다. 직원들이 하루에도 몇 번씩 어린이집에 들러 자녀와 함께하는 시간을 갖는다면 얼마나 좋을까!

그리고 남자도 육아휴직을 적용하는 것이 옳다고 본다. 지금 아이가 있는 여직원은 근무 시간이 한 시간 짧다. 출퇴근 시간을 여유롭게 해주었기 때문이다. 조만간 남자 직원도 같은 원칙을 적용할 예정인데, 늦어도 2~3년 안에는 이를 실행할 것이다.

주 52시간, 주 5일 근무도 동종 업계에서 우리 회사가 가장 먼저 실시했다. 덕신하우징이 해야 타사도 따라온다는 말이 있을 정도다. 부가세정책, 노동정책, 국세정책, 주택보유세, 양도소득세도 항상 우리가 앞장서왔다. 어차피 실행해야 하니 우리가 먼저 시작하는 것이 좋다. 오너와 직원의 신뢰감도 돈독히 할 수 있다.

직원들의 식사에도 신경 쓰고 있다. 요리사들도 모두 직원이며, 맛도 중요하지만 청결을 최우선으로 한다. 제조 공장은 특히 식당의 품격이 중요하다. 아침, 점심, 저녁 하루 세 끼 식사를 책임져야 하니 말이다. 친인척이 청탁해 식당을 맡겨봤는데, 제대로 운영하지 못해 3년 전부터 직원으로 교체했다. 직원들의 건강이 걸린 문제인데, 친인척이라고 해서 편의를 봐줄 수는 없었다.

무봉재단 설립의 행복

2019년, 내 호를 본뜬 장학재단인 무봉(楙奉) 재단을 설립했다. 앞으로 어려운 환경에 놓인 아이

▲ 무봉재단의 무봉 한자. _무성할 무, 받들 봉을 쓴다.

들을 체계적으로 도울 수 있게 되어 기쁘다. 재단을 통해 꿈나무들에게 지속적으로 도움을 주고, 애국심을 함양시킬 기회도 많이 만들 것이다. 아이는 나라의 미래고, 애국심을 가진 아이들은 바르게 자란다는 것이 나의 신념이다.

무봉장학재단이 설립되기까지는 우여곡절이 많았다. 정부 여러 부처에서 재단 설립을 허가해주지 않아 여러 차례 민원을 넣고 다른 부서로 접수하고 또 불허되는 답답한 과정을 거쳤다. 이제 재단이 설립되었으니 내가 받은 은혜를 사회에 갚는 것이 남은 사명이라는 생각으로 기부와 지원을 보다 전문적으로 하고자 한다. 무봉은 '아낌없이 나누고 힘 있게 받들어준다'는 나눔 철학을 담은 이름이다. 나는 재단 이사장으로 취임했다. 무봉재단은 어려움 속에서도 열심히 공부하는 초등학생 20명을 후원 대상으로 선발했다. 12월 14일 서울 양천구 덕신빌딩에서 어린이들에게 제1회 무봉장학생 장학증서 수여식을 가졌다. 수혜 학생들에게는 장학금을 지원했다. 무봉재단은 아이들에게 실질적 도움을 주어 꿈이 무너지지 않도록 돕고자 한다.

이러한 나의 뜻이 반영된 행사가 2014년부터 덕신하우징이 매년 주최하는 전국 초등학생 골프 대회 '덕신하우징배 전국 주니어 챔피언십'이다. 성인 골프와 어린이 골프는 다르다. 애들은 성공을 위해, 어른은 취미로 치는 것이다. 아이들이 골프가 재미있다고 하는 것을 보니 보람을 느낀다. 체구도 작은데 어른보다 잘 치는 것을 보면 놀랍기만 하다. 골프는 고급 스포츠지만, 부자가 아닌 아이들이 골프를 시작하기도 한다. 우연히 골프 연습장에 가보고 계속 하고 싶어 하거나, 방과 후 수업에서 골프를 배운 아이가 골프에 소질을 보이기도 한다.

매년 4~5월에 개최하는 덕신하우징배 전국 주니어 챔피언십 1~10위

▲ 2019년 제 1회 무봉재단 장학증서 수여식에서 ▲

까지 수상자 중 가정 형편이 좋지 않은 아이를 선정한다. 2학년부터 6학년까지, 매월 일정 금액을 후원한다. 초등학생 때 발굴한 아이가 중·고등학교 때 다른 대회에서 입상했는지 보고 이후의 후원도 결정한다. 2019년부터 더 많은 유망주를 발굴하기 위해 중학생도 추가적으로 선발하고 있다.

특히 제4회 덕신하우징배 전국 주니어 챔피언십에서 두각을 나타낸 윤이나 양이 기억에 남는다. 올해 고등학교 1학년인데, 초등학교 5학년 때부터 후원했다. 초등학교에서부터 이름을 날리는 선수가 되겠다고 밝힌 뚝심있는 친구다. 얼마 전에는 국가대표 1위로 선정되었다.

2018년부터 남원의 골프 영재 김태규 군도 후원하고 있다. 중학교 1학년 국가대표 주니어 상비군인데, 부유하지 않은 환경에서도 열심히 노력하는 모습이 인상적이었다. 전국소년체전 2위, 지역대회 1위, 덕신하우징 주최 대회 2위를 차지하는 등 골프를 가장 잘 치는 어린이 중 한 명이다. 초등학교 방과 후 활동으로 골프를 시작해 단 3년 만에 전국 대회에서 우승을 차지할 정도로 재능을 타고났다. 어린 나이임에도 드라이버 비거리 200m 이상의 힘까지 갖추었다. 다른 종목에 비해 돈이 많이 드는 골프의 특성상, 집안 경제력이 여의치 않아 진로에 대한 고민이 많았다고 한다.

골프 영재에게는 집안 살림이 빠듯하다고 해서 부모와 사회를 탓하지 말라고 조언한다. 집안 형편이 어려워도 성공은 본인 의지에 달려 있으니 죽기를 각오하면 된다고 말한다. 지금은 묵묵히 듣기만 하지만, 좀 더 크면 무슨 뜻인지 알게 될 것이다. 종종 아이들과 함께 골프를 치는데 너무 재미있다. 볼도 잘 치고, 매너도 좋다. 국제 룰을 지키는데, 오히려 내가 정확하지 않으면 아이들이 다시 치라고 한다.

아이들이 나보다 잘 친다. 나는 잘 쳐야 싱글인데, 아이들은 못 쳐도 싱글이다. 초등학교 고학년들은 거의 언더다. 초등학교 학생들한테 레슨을 받는 기분이다. 학부모들이 간식을 싸오니 굳이 그늘집에 가지 않아도 먹을 것이 많다. 아이들은 해외 대회 준비를 하느라 영어도 잘한다. 같이 골프를 치면서 일부러 영어를 쓰는 모습이 보기 좋았다.

제2회 덕신하우징배 전국 주니어 챔피언십에서부터는 초등골프연맹 주관 대회 최초로 갤러리 참관을 시행하고 있다. 현재까지 누적 갤러리 인원은 995명이나 된다. 다른 주니어 골프 대회와 차별화된 명품 대회의 면모다. 사실상 국제 대회가 아니고는 골프장에서 갤러리 참관을 허가받기 어렵다. 특히 세계적인 어린이 골프 대회는 갤러리 참관이 어렵다. 잔디가 망가지기 때문에 골프장에서 수락하지 않는다. 게다가 어린이 대회는 볼이 어디로 날아갈지 몰라 사고도 날 수 있다고 해서 보험까지 들었다. 이제 어린이 골퍼들의 부모, 친인척들이 신나게 관람할 수 있으니 기쁘다. 골프 스포츠는 세계 무대에서 국위 선양을 할 수 있는 종목이다. 앞으로도 여러 골프 꿈나무에게 다각도로 지원할 것이다. 금년은 36홀에서 어린이 약 400명, 부모를 중심으로 한 갤러리 약 900여명이 운집하는 큰 대회를 계획했는데, 코로나19 사태 때문에 일정을 못 잡고 있다. 이러다 해를 넘길까 조마조마하다. 대회를 열게 되면 군산CC에서 36홀로 진행할 것이다.

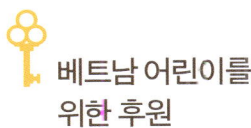
베트남 어린이를 위한 후원

베트남은 나와 인연이 깊다.

힘들었던 젊은 시절 베트남 파병을 다녀왔고, 우리 회사 최초의 해외 법인이 베트남에 들어섰다.

그래서 베트남 파병 후 받은 참전 연금 전액을 전쟁으로 인해 아픔

▲ 2015년 7월 베트남 하이퐁시청에서 어린이 후원 협약식을 갖는 모습. 덕신하우징 비트남 생산공장이 위치한 하이퐁시 시장이 직접 나왔다.

을 겪는 어린이와 소외계층 어린이를 위해 후원하기로 했다.

지난 2015년 7월 20일 하이퐁시청에서 조필규 덕신하우징 베트남 법인장, 레 반 탄(Le Van Thanh) 하이퐁시장, 응우엔 안 투안(Nguyen Anh Tuan) 하이퐁시 외무부 책임자를 비롯한 관계자들이 참석한 가운데 후원 협약식을 가졌다.

참전 연금을 포함한 후원금은 하이퐁시 관내 보육원 호아 푸옹 오르파나지 빌리지(Hoa Phuong Orphanage Village)와 어소시에이션 포 빅팀스 오브 에이전트 오렌지 르 찬 디스트릭트(Association for Victims of Agent Orange Le Chan District)의 어린이들을 위해 1년간 매달 600달러, 300달러씩 각각 후원한다. 이곳은 베트남 정부가 설립한 고아원으로, 부모에게 버림받은 4개월부터 18세까지 59명의 아이들이 생활하고 있다. 어소시에이션 포 빅팀스 오브 에이전트 오렌지 르 찬 디스트릭트는 고엽제로 인한 질병을 안고 태어났거나 기형아들을 돌보는 곳이다. 전쟁의 아픔을 겪는 하노이 어린이들을 위한 후원도 준비 중이다.

우리나라에서는 SOS 어린이마을을 꾸준히 지원하고 있으며, 공장이 위치한 천안과 군산에서도 지역 아동을 위한 공헌 활동을 실시하고 있다. 덕신하우징이 진출하는 모든 국가와 지역에서는 어려운 환경에 처한 아이들을 위한 후원을 꾸준히 이어갈 것이다.

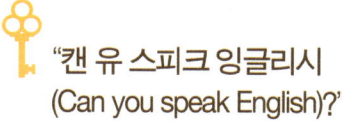
"캔 유 스피크 잉글리시
(Can you speak English)?"

2019년부터 사내에서 직원들에게 영어 지도를 하고 있다.

초·중급, 고급 클래스로 나누어 운영 중이다. 현지인 선생을 고용해 직원 중 희망자에 한해 주 2회 교육하는데, 90% 이상 신청해서 흐뭇하다. 무역 경영을 위해 직원들에게 영어를 가르치기 위함인데, 영어 잘하는 직원을 새로 뽑으면 관리 통제를 벗어날 수도 있으니 직원들을 가르치는 것이 훨씬 효율적이라고 생각했다. 회사에서 영어를 배운 직원을 다른 회사에서 스카우트할까 봐 걱정하진 않는다. 내 노래 가사처럼 '인생은 배려하는 것'이니까. 영어를 잘해서 영어 교육을 받지 않는 직원도 많다. 아랍어, 중국어, 일본어, 베트남어 등 특기로 선발한 직원들이 있다.

우리 회사 제품 기초 지식을 테스트하는 시험도 1년에 2회 실시한다. 시험 범위를 미리 알려주고 공부하라고 공지한 후 인사고과에 반영한다. 시험문제는 수학능력시험과 똑같은 절차로 기획팀에서 호텔방까지 얻어 비밀리에 출제한다. 시험 성적이 나쁘면 진급에서 누락되고 월급 인상에 불리할 수 있다. 우리 회사 제품의 기본 상식도 모르면 말이 안 되기 때문이다. 영어 시험은 2020년 말 시작할 예정이며, 초·중·고로 나누어 1년에 한 번 치를 계획이다.

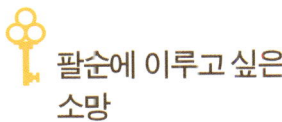
팔순에 이루고 싶은 소망

공동체 법인은 이미 몇 년 전부터 준비해온 꿈이고, 앞으로 분명히 이루게 될 것이다. 가수 활동을 시작한 이상 명가수가 되겠다는 소망과 열정으로 활동할 것이다. 공연 수입은 무봉재단의 어린이 돕기에 100%

사용할 것이다.

또 하나 이루고 싶은 소원이 있다면 회사를 글로벌화해 수출을 늘리고 조 단위 매출을 달성하는 것이다. 언젠가는 이 목표 또한 이룰 수 있지 않을까. 노력은 능력을 지배한다. 능력은 없다. 노력뿐이다. 앞으로 10년 안에 해외 법인 공장 두 개 정도 더 신설하고 싶은 것도 꿈이다.

강남 역세권에 사옥을 새로 짓고 싶기도 하다. 사업의 중심지인 데다 성공의 표상인 강남에 사옥을 지어 이전하고 싶은 꿈이 있다. 지금 부지를 알아보고 있는데, 2021년이면 윤곽이 드러나지 않을까 예상한다. 신사옥은 유명한 건축가에게 맡겨 제대로 지을 계획이다. 은행에서

▲ 2019년 5월 열린 제6회 덕신하우징배 전국 주니어 챔피언십
(구 덕신하우징배 전국남녀 꿈나무 골프대회)

> 존경하는 회장님께 ♡
>
> 안녕하세요 회장님? 저 이나예요! 잘지내셨죠?
> 오늘이 회장님과 4번째 라운드이네요!
> 회장님이랑 라운드 할때는 항상 긴장되고 설레요 😄
> 회장님 올해 국가대표가 목표인 만큼 악 써보려고 해요!
> 꼭 국가대표가 되서 회장님 기쁘게 해드리고 싶어요!
> 국가대표가 되면 KOREA 모자 회장님께 제일 먼저 달려가 드릴께요.
> 회장님 지켜봐 주시고, 응원 해 주세요!
> 항상 감사드리고, 사랑합니다 ♡
> 건강히 오래 오래 사셔야 되요 ~~
>
> — 사랑하고 존경하는 이나 올림 —

는 강남 사옥을 비효율적이라고 싫어한다. 혹시 회사가 어려워지면 가장 먼저 내놓으라는 것이 사옥이고, 임대 건물보다 경비도 더 많이 든다. 은행에서 사옥을 좋게 보지 않아 사옥이 없는 회사가 많다.

골프장도 인수할 계획이다. 내 골프장에서 꿈나무를 가르치고 대회도 치른다면 좋을 것 같다. 골프장 이름은 무봉CC 혹은 덕신CC로 짓지 않을까 싶다. 이왕이면 수도권에 마련하고 싶은데, 매년 5월 결승이 열리는 덕신하우징배 전국 주니어 챔피언십을 개최해야 하므로 서울에서 가까워야 한다. 80세가 되기 전 일손을 놓으면 골프장에서 아예 거주할 예정이다. 우리 아내도 골프를 좋아하니 그곳에서 같이 살아도 좋겠다. 은퇴하면 365일 매일 골프를 치고 싶다. 더 나이 들면 체력이 약해져서 골프를 치지 못할까 봐 벌써부터 걱정이다.

존경하는 회장님께

회장님, 안녕하세요.

저 이나입니다. 잘 지내셨는지요. 오늘이 회장님과 네 번째 라운드네요.

회장님과 라운드할 때는 항상 긴장되고 설레요.

올해 목표가 국가대표인 만큼 악을 써보려 합니다.

꼭 국가대표가 돼서 회장님을 기쁘게 해드리고 싶어요.

국가대표가 되면 회장님께 제일 먼저 달려가서 KOREA 모자를 드릴게요.

지켜봐주시고, 응원해주세요.

항상 감사드리고, 사랑합니다.

건강히 오래오래 사셔야 돼요.

― 사랑하고 존경하는 이나 올림

덕신하우징 김명환 회장님께

안녕하세요. 저는 지난번 울릉도 독도 체험 학습을 갔다 온 오식도 초등학교 5학년 안윤주입니다.

울릉도, 독도에 갔을 때 너무 재미있었어요.

덕신하우징 덕분에 2박 3일 동안 참 많은 경험을 했습니다.

사람들이 쉽게 가지 못하는 독도에 간다는 말을 들었을 때 조금 놀라기도, 기쁘기도 했어요. 첫날 들뜬 마음으로 배를 타러 가는 차에 탔는데, 늦게 도착해서 울릉도에 가지 못하고 찜질방에서 잤습니다.

결국 다음 날 배를 타고 울릉도에 도착해 숙소에 짐을 풀고 독도박물관에 갔습니다. 바를 타고 다시 독도에 가서 독도 댄스를 하는데, 여러 방송국 기자들도 와 있어서 신기했습니다. 저는 독도가 그렇게 넓은 줄 몰랐습니다. 이렇게 회장님 덕분에 독도와 울릉도를 가볼 수 있었고, 두 섬에 대해 자세히 알 수 있는 소중한 시간이 되었습니다.
　독도에 갔다 온 뒤 가족들과 친구들도 모두 저를 부러워했습니다. 좋은 경험을 할 수 있게 해주셔서 감사드립니다.

- 2015년 2월 9일 안윤주 올림

　김명환 회장님께
　안녕하세요.
　덕신하우징 광복절 상하이 역사문화 탐방 공모전을 통해 참여하게 된 장재석 엄마 박경미입니다. 2019년 2월 말 복지 관련 사이트에서 공모전을 접하게 되었습니다. 윤봉길 의사의 출생지인 예산에 살고 있는지라 아이에게 글짓기를 권유했으나 아쉽게도 선정되지 못했습니다. 전국 단위에서 10명만 선정되는 공모전이기에 아이에게 안타까운 소식을 전했을 때 "그럴 줄 알았어" 하는 반응을 보였습니다. 임시정부수립 100주년이라는 뜻깊은 해라 6학년이 된 둘째 아이가 다녀올 수 있는 기회가 되길 바랐지만, 아이의 글짓기 실력이 이번 공모전에서 뽑힐 정도는 아닌가 보다 생각했습니다. 하지만 이런 공모전을 통해 아이에게 다시 한번 광복과 나라 사랑에 대한 생각을 심어줄 수 있는 계기가 되어 덕신하우징에 감사했습니다.
　7월 3일로 기억됩니다. 잊고 있었는데, 한 통의 전화를 받았습니다. 재석이가 예비 합격자로 역사문화 탐방에 갈 수 있다는 전화였습니다. 너무나 감사한 일이 우리 재석이에게 생겼다니 믿어지지 않았습니다. 그날부터 재석이를 비롯한 온 집안 식구들은 인터넷 검색창에 덕신하우징을 검색했습니다. 회사 소개에서부터 관련 기사들을 읽으면서 덕신하우징이 실시하고 있는 사회 공헌에 박수를 쳤습니다. 덕분에 우리 아이도 참여할 수 있다니 너무 영광이었습니다.

  조 발표가 있었습니다. 재석이는 9조였으며 조장은 최정기 님, 부조장은 전경수 님이었습니다. 조장과 부조장은 덕신하우징 사원들이라 안심이 되었습니다. 또한 지방 참여자들을 위해 인근 지역인 대전에 숙소를 마련했다는 연락을 받고 참여자 전원의 발길 하나하나까지 신경 쓰며 행사를 준비하는 사원들의 모습에 사회복지사인 저도 감탄했습니다.

  2박 3일 동안 출국과 입국 과정까지 틈틈이 사진을 찍어 보내주신 최정기 조장님께도 감사의 인사를 전하고 싶습니다. 중간중간 카톡으로 상황을 물어보면 답변도 빠르게 해주시고 아이를 혼자 외국에 보낸 엄마의 마음을 어찌 그리 잘 아시는지 감동했습니다. 식사하는 모습이나 친구와 장난치는 모습 등 자연스러운 일상까지 사진으로 전달해주셨습니다. 일탈 행동도 서슴지 않았을 재석이가 조원 아이들에게 베풀어주신 따뜻한 배려심 덕분에 조원들과 금방 친해졌다며 전화 통화 내내 일정이 재미있다고 말했습니다.

  제가 아이를 역사 탐방에 보내고 늦은 밤까지 기도하는 마음으로 수세미를 만들었습니다. 아무 사고 없이 지내길, 집에서처럼 까불어 조장님을 힘들게 하지 않길, 후손으로서 애국심을 갖고 대한민국임시정부를 바라보기를 기도했습니다. 솜씨가 없어서 담당자분들에게 드리기가 민망했지만 사고 없이 버스에서 내리는 재석이를 보는 순간 감사함이 부끄러운 마음을 덮었습니다. 솜씨가 없어서 수세미밖에 못 떴고, 바느질이 뚤삐뚤하지만 제가 덕신하우징과 사원들에게 감사함을 전하는 방법이기에 작은 선물과 편지 한 통을 보냅니다.

회장님, 우리 재석이가 15년 후에 입사할 수 있도록 더 큰 회사로 만들어주세요.

저는 덕신하우징 사원으로서 부끄럽지 않은 재석이로 키우기 위해 열심히 노력하겠습니다.

다시 한번 아이들에게 잊을 수 없는 좋은 기회를 주신 회장님과 덕신하우징 임직원분들에게 감사드립니다.

- 충남 예산에서 재석이 엄마 박경미 올림

주요 사회공헌 활동

2010	07	덕신하우징 아마추어 골프대회
	12	따뜻한 '겨울나기' 후원
2012	05	소외계층과 함께하는 '덕신가족 한마음 대축제'
	12	아마추어 자선 골프대회 실시
		천안 속창리 사랑을 나누는 경로잔치 개최
2013	07	덕신하우징 희망봉사단 발족
	08	농촌지역 초등학생 초청 덕신하우징 백두산 해외연수
	10	'SOS 어린이마을' 매월 정기후원
2014	01	설명절 맞이 소년·소녀가장 나눔 활동
	02	강원도 폭설지역 제설 작업
	05	제1회 덕신하우징배 전국남녀 꿈나무 골프대회
	08	독도사랑 8·15 광복음악회 및 독도 탐방
2015	05	제2회 덕신하우징배 전국남녀 꿈나무 골프대회
	07	'베트남 하이퐁시' 보육재단 후원 협약(매월, 평생후원)
		'초록우산 어린이재단' 저소득층 아동 후원 협약(매월, 평생후원)
2016	02	사랑나눔 헌혈행사
	05	제3회 덕신하우징배 꿈나무 골프대회
	09	추석 명절맞이 불우이웃돕기 물품 전달
	10	울산 태풍 피해지역 복구작업
		보건복지부주관 대한민국 나눔대상 장관상 수상
	11	행복한 중기경영대상 산업통상자원부장관상 수상

2017	01	설 명절맞이 불우이웃돕기 물품 전달
	02	덕신하우징 나눔사랑 실종아동 찾기 캠페인
	04	제4회 덕신하우징배 전국남녀 꿈나무 골프대회
	07	청주 수해지역 복구작업
	09	추석 명절맞이 불우이웃돕기 물품 전달
	11	서울사회복지공동모금회 '착한일터' 가입
2018	02	설명절 맞이 불우이웃돕기 물품 전달
	04	제5회 덕신하우징배 전국남녀 꿈나무 골프대회
	09	추석 명절맞이 불우이웃돕기 물품 전달
2019	01	충남천안교육지원청 마을교육공동체 지원 업무 협약
	02	설 명절맞이 불우이웃돕기 물품 전달
	04	강원도 속초 화재 피해지역 구호 물품 전달
	05	제6회 덕신하우징배 전국 주니어 챔피언십
	06	전국 신규 골프 유망주 장학생 공개모집 및 장학증서
	08	광복절 상해 역사문화탐방
	09	추석 명절맞이 불우이웃돕기 물품 전달
	10	강원도 삼척 태풍 피해지역 구호 물품 전달
	12	공익장학재단 무봉재단 설립
2020	01	설 명절맞이 불우이웃돕기 물품 전달

회사 연혁

2010년 현재 중흥기

2020	01	호주 품질인증 획득
2019	12	천안 제2공장 준공
	08	덕신하우징 중국 상해 광복절 역사문화 탐방
	05	제 6회 덕신하우징배 전국주니어 챔피언십 개최
	03	서울시, 천안시, 전라북도 유공납세자 수상
2018	11	말레이시아 CREAM 인증 취득
	06	유럽 CE 인증 (EN1090규격) 취득
2017	04	덕신비나 베트남 CR 인증 취득
	02	트러스 데크의 경량체 부상방지용 클립 특허등록
2016	12	덕신비나 日本 JIS G 3532 인증 취득
	11	'행복한 중기경영 대상' 산업통상자원부 장관상 수상
	10	보건복지부주관 대한민국 나눔대상 장관상 수상
	08	덕신비나 KS 취득
	06	군산공장 KS 취득
	03	경량체가 구비된 중공형 데크플레이트 특허등록
	03	중공슬래브용 경량체 특허등록
2015	12	업계 최초 무역의 날 '수출의 탑 1000만불' 수상
	11	천안공장 日本 JIS G 3532 인증 취득
	04	덕신비나 베트남 법인 설립
2014	12	업계 최초 무역의날 '500만불 수출의 탑' 수상
		에코데크 국제 특허(일본, 중국, 베트남)등록

	08	(주)덕신하우징 코스닥 상장
		에코데크 탄소성적표지 인증
	07	제8회 '대한민국 우수특허' 선정
	05	'2014소비자의 선택' 2년연속 대상수상
	05	제 1회 덕신하우징 전국주니0-챔피언십 개최
2013	11	에코데크조달청 우수제품 선정
	10	에코데크 '2013 소비자의 선택' 대상(중앙일보)
	05	고객사랑브랜드대상 건축자재부문 대상 수상
	03	대한민국경품브랜드 건축자재부문 대상 수상
		친환경 자원재활용 에코데크 'Ⓖ마크' 취득
	02	탈형데크 특허등록
2012	08	데크플레이트와 기둥 접합부의 설치구조 및 이의 시공방법 특허 등록
	05	데크플레이트용 단열제 고정구 및 이를 이용한 단열제 설치방법 특허 등록
2011	12	스페이서 특허등록
		탈형 데크플레이트용 스페이서 결합구조 특허등록
	10	트러스 거더용 스페이서 결합구조 특허등록
	06	(주)덕신하우징 스틸사업본부에서 (주)덕신스틸로 기업분할
	01	군산공장 1차 준공 완료
2010	07	2010 천억벤처기업상 수상
		이노데크 설비도입

2002년 - 2009년   도약기

2009	11	분체도장형 '칼라스피드데크' 출시
	07	일체형데크 생상라인 7,8호기 증설
	05	K마크 인증 취득
		철강재 유통사업을 위한 스틸 사업본부 신설
	04	내화구조 인증 취득
	02	기술보증기금 A+멤버스기업 인정
		기술혁신형 중소기업 선정
2008	10	경영혁신형 중소기업 선정
		친환경 건자재 국토해양부장관상 수상
	08	GFRP 소재의 데크플레이트를 이용한 합성슬래브 특허출원
	03	일체형데크 생산 6호시 증설
2007	12	(사)한국건축구조기술사회와 일체형데크 사업 협력 협약체결
	08	일체형데크 조립 5호기, 신선 45호기 증설(공장증축)
	05	충남 기업인 대상 우수 기업인상 수상
	03	데크플레이트의 연결구조 특허등록
	01	자본금 증자(3,400,000,000원)
2005	04	'(주)덕신하우징'으로 상호변경
	02	KS 인증 취득
2005	11	ISO9001 인증 취득(한국표준협회)
		(사)한국건축기술사회 구조기술 인증
	07	일체형데크 생산라인 3호기 증설

2004	12	무결점 일체형데크 '스피드데크' 개발
2003	03	오스트리아 EVG 제조, T/G 2호기 국내 최초 도입
	02	천안공장 준공
2002	04	덕신하우징데크 상표 등록

1980년 - 1998년   초창기

1998	10	ISO9002 인증 취득
	06	자동적재시스템 도입
	03	Spot Welding Machine 1996
1996	11	서울시 금천구 신월동 사옥 준공
1995	11	'덕신철강공업주식회사'로 상호 변경
1994	10	유망중소기업 선정(한국상업은행)
1992	09	김포공장 준공
1991	01	(주)덕신철강으로 법인 전환, 대표이사 김경환 취임
1980	01	덕신상사 설립